【中国語音節表】

声母＼韻母	1（介音なし）																		
	a	o	e	-i [ʅ][ʮ]	er	ai	ei	ao	ou	an	en	ang	eng	ong	i	ia	ie	iao	iou -iu
b	ba	bo				bai	bei	bao		ban	ben	bang	beng		bi		bie	biao	
p	pa	po				pai	pei	pao	pou	pan	pen	pang	peng		pi		pie	piao	
m	ma	mo	me			mai	mei	mao	mou	man	men	mang	meng		mi		mie	miao	miu
f	fa	fo					fei		fou	fan	fen	fang	feng						
d	da		de			dai	dei	dao	dou	dan	den	dang	deng	dong	di	dia	die	diao	diu
t	ta		te			tai		tao	tou	tan		tang	teng	tong	ti		tie	tiao	
n	na		ne			nai	nei	nao	nou	nan	nen	nang	neng	nong	ni		nie	niao	niu
l	la	lo	le			lai	lei	lao	lou	lan		lang	leng	long	li	lia	lie	liao	liu
g	ga		ge			gai	gei	gao	gou	gan	gen	gang	geng	gong					
k	ka		ke			kai	kei	kao	kou	kan	ken	kang	keng	kong					
h	ha		he			hai	hei	hao	hou	han	hen	hang	heng	hong					
j															ji	jia	jie	jiao	jiu
q															qi	qia	qie	qiao	qiu
x															xi	xia	xie	xiao	xiu
zh	zha		zhe	zhi		zhai	zhei	zhao	zhou	zhan	zhen	zhang	zheng	zhong					
ch	cha		che	chi		chai		chao	chou	chan	chen	chang	cheng	chong					
sh	sha		she	shi		shai	shei	shao	shou	shan	shen	shang	sheng						
r			re	ri				rao	rou	ran	ren	rang	reng	rong					
z	za		ze	zi		zai	zei	zao	zou	zan	zen	zang	zeng	zong					
c	ca		ce	ci		cai		cao	cou	can	cen	cang	ceng	cong					
s	sa		se	si		sai		sao	sou	san	sen	sang	seng	song					
ゼロ	a	o	e		er	ai	ei	ao	ou	an	en	ang			yi	ya	ye	yao	you

an	in	iang	ing	iong	u	ua	uo	uai	uei -ui	uan	uen -un	uang	ueng	ü	üe	üan	ün
2（介音 i）					**3（介音 u）**									**4（介音 ü）**			
ian	bin		bing		bu												
ian	pin		ping		pu												
ian	min		ming		mu												
					fu												
ian			ding		du		duo		dui	duan	dun						
ian			ting		tu		tuo		tui	tuan	tun						
ian	nin	niang	ning		nu		nuo			nuan				nü	nüe		
ian	lin	liang	ling		lu		luo			luan	lun			lü	lüe		
					gu	gua	guo	guai	gui	guan	gun	guang					
					ku	kua	kuo	kuai	kui	kuan	kun	kuang					
					hu	hua	huo	huai	hui	huan	hun	huang					
an	jin	jiang	jing	jiong										ju	jue	juan	jun
ian	qin	qiang	qing	qiong										qu	que	quan	qun
ian	xin	xiang	xing	xiong										xu	xue	xuan	xun
					zhu	zhua	zhuo	zhuai	zhui	zhuan	zhun	zhuang					
					chu	chua	chuo	chuai	chui	chuan	chun	chuang					
					shu	shua	shuo	shuai	shui	shuan	shun	shuang					
					ru	rua	ruo		rui	ruan	run						
					zu		zuo		zui	zuan	zun						
					cu		cuo		cui	cuan	cun						
					su		suo		sui	suan	sun						
an	yin	yang	ying	yong	wu	wa	wo	wai	wei	wan	wen	wang	weng	yu	yue	yuan	yun

よくわかる 初級中国語

易学易懂汉语

改訂版

王克西●李立冰●高橋未来 著

白帝社

はじめに

　本テキストは，中国語初修者が一年間で無理なく初修の文法事項を学び終えるように構成されたテキストです。

　第1課から第4課までは，発音練習とともに基礎的な文法事項を少しずつ学びます。発音だけを集中して繰り返し練習することは大切ですが，時間がかかるため，いつになったら会話や文章を学べるのかと不安になることもあるでしょう。そこで本書は"从浅到深 cóng qiǎn dào shēn"（徐々に深く学んでいく）というスタイルで，発音を学ぶ段階から簡単な文法を取り入れて，自然と次のステップに移ることができるようにしました。そして第5課からは，形容詞述語文などの文法事項を中心に学びます。本書で学ぶ単語は実用的な語を中心とし，特に発音練習の段階では日本語と中国語の同形同義語を多く取り入れて理解しやすくしました。また"精讲多练 jīng jiǎng duō liàn"（教師は詳しく明確に解説し，学習者は繰り返し効果的に練習する）をめざし，実践練習を通して文法を理解するように，例文と練習を多く設けました。

　第5課以降の構成は次の通りです。各課は 1. ポイント（文法事項とその練習），2. 課文（会話文の解釈と練習），3. 総合練習からなります。

　ポイント　基本的な文型を学びます。新出単語と例文を繰り返し声に出して覚えてください。

　課文　日本の大学で，日本人学生と中国人学生がキャンパスライフを送っているという設定です。ポイントの文型を踏まえたうえで，自然な会話表現を用いています。繰り返し練習して暗記しましょう。

　練習問題　ポイントに関する問題は，ピンインを漢字に改める問題や中国語訳が中心です。会話練習は繰り返し音読して暗記し，話す力を鍛えましょう。課文の内容に関する問題は，書き取りや質問を聞いて中国語で答えるリスニング問題を中心としています。

　総合練習問題　第5課以降は，各課に総合練習問題を用意しました。並べ替えや日本語訳，中国語訳などにより読む力と書く力を重点的に伸ばしましょう。

　このテキストの単語と文法事項を繰り返し発音して暗記してください。それが中国語をマスターする近道です。さあ，一緒にはじめましょう。

2019 年春

著者一同

改訂に当たって ─────────────────────────────

　改訂版では「食べ物と飲み物」，「専門分野」等のトピックに関する補充語句を設けることにより，授業では充実した応用練習が可能となるのと同時に，学習者の語彙数が自然と増えるようにしました。また，中級に移行するために必要な文法事項を新たに加えました。

2022 年春

著者一同

登場人物

呉　浩

海南島出身。人文学部で日本語と日本文化を学んでいる。

原田香奈

北海道出身。人文学部で中国語と中国文学を学んでいる。

李　明

北京出身。経済学部で日本語と日本経済を学んでいる。

中国の概況

面積：963万平方メートル（日本の面積37.8万平方メートルの約25倍）

人口：約14億1178万人

首都：北京

民族構成：総人口の約91％を占める漢民族と9％の非漢民族（チワン族、満州族、回族など55の少数民族）からなる。

宗教：仏教、道教、イスラム教、キリスト教

言語：漢民族の話す「漢語」"汉语 Hànyǔ"には方言が非常に多いため，中華民族全体の共通語として"普通话 pǔtōnghuà"*の普及が推進され，現在ではほぼ中国全土の共通語となっている。

*"普通话"とは，北京語の発音を基準音とし，長江以北の話し言葉の語彙を基礎としたもので，文法は規範的な現代語の口語体に基づいています。学習者が本テキストで学ぶのは，この"普通话"です。

・你好!	Nǐ hǎo!	(こんにちは)
・大家好!	Dàjiā hǎo!	(みなさんこんにちは)
・谢谢!	Xièxie.	(ありがとうございます)
・不客气。	Bú kèqi.	(どういたしまして)
・对不起。	Duìbuqǐ.	(すみません)
・没关系。	Méi guānxi.	(かまいません)
・再见!	Zàijiàn!	(さようなら)

WEB 上での音声ファイルダウンロードについて

■ 『よくわかる初級中国語』の音声ファイル（MP3）を無料でダウンロードすることができます。

「白帝社」で検索，または下記サイトにアクセスしてください。

http://www.hakuteisha.co.jp/news/n44988.html

■ 本文中の ▶A00 ▶B00 の箇所が音声ファイル（MP3）提供箇所です。ファイルは ZIP 形式で圧縮された形でダウンロードされます。

　　　　　吹込：凌慶成，呉志剛，楊晶

■ ダウンロードがご不便な場合は，実費にて CD 2 枚に収録したものをお送りしますので，下記までご連絡ください。

　　　㈱白帝社　Tel：03-3986-3271　　E-mail：info@hakuteisha.co.jp

■ 本書と音声は著作権法で保護されています。

ご注意

＊ 音声の再生には，MP3 ファイルが再生できる機器などが別途必要です。

＊ ご使用機器，音声再生ソフトに関する技術的なご質問は，ハードメーカー，ソフトメーカーにお問い合わせください。

目 次

補充語句

●品詞名等の略称

名 名詞	動 動詞	形 形容詞	数 数詞	副 副詞
接 接続詞	代 代詞	前 前置詞	助 助詞	
助動 助動詞	量 量詞	数量 数量詞	方 方位詞	

第 1 课　発音Ⅰと動詞述語文

Dì　yī　kè

> 発音Ⅰ：単母音（1）　二重母音（1）　三重母音
> ポイント：動詞述語文

中国語の音節の構成

中国語の音節は，子音と母音，声調（高低のアクセント）からなる。漢字の読み方を示す方法として，1958年にローマ字と声調符号を用いて発音を示す"汉语拼音方案"が制定されている。ピンイン表記により中国語の音節を表すと，次のようになる。

```
            - は声調符号
             |
m は子音 ─ mā ─ a は母音
```

声　調

"普通话"の声調は四種類あり，"四声"という。声調符号は第一声"mā"，第二声"má"，第三声"mǎ"，第四声"mà"のように記し，軽声は無表記である。

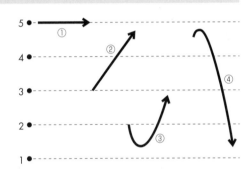

▶A3

①	第一声	mā	妈	高く平らに伸ばす
②	第二声	má	麻	「ええっ？」と驚いて言う時の調子で
③	第三声	mǎ	马	「あ～あ」とがっかりする調子で
④	第四声	mà	骂	「まぁ！」という調子で，早くしっかり下げる
	軽声	mā̱ma	妈妈	前の音節をしっかり発音した後に，軽く添える

声調符号の付け方　母音の上につける

① a があれば必ず a につける。

② a がなければ o か e につける。

③ iu または ui のときは後ろにつける（i につけるときは点を取り，yí yǐ のように）。

④ ü が j・q・x の後ろに続く場合は，u の上の二つの点 ¨ を省略して ju・qu・xu と表記し，その上につける。

▶A4 練習しましょう

你好！　Nǐ hǎo!　（こんにちは。）

谢谢！　Xièxie!　（ありがとう。）

再见！　Zàijiàn.　（さようなら。）

☞変調については第2課ポイント**2**を参照。

1 単母音（1）

▶A5

a	o	i (yi)	u (wu)

・a　　　日本語の［ア］よりも口を大きく開けて発音する。

・o　　　日本語の［オ］より口を丸く大きく開けて発音する。

・i(yi)　　日本語の［イ］より唇を左右に引いて発音する。

・u(wu)　日本語の［ウ］より唇を丸く突き出して発音する。

※　i u は, 前に子音がつかない場合, yi wu と書き表す。

▶A6 **リピート1** 発音しましょう

Wǔ-Yī	wǔyì	āyí	wúyì	yìwù
五一	五亿	阿姨	无益	义务
（メーデー）	（5億）	（おばさん）	（無益である）	（義務）

▶A7 ## 2 二重母音（1）

ai	ei	ao	ou
ia (ya)	ie (ye)	ua (wa)	uo (wo)

・ou は口を丸く突き出して大きい口から徐々にすぼめるように発音する。

・uo は小さい口から徐々に大きく開けるように発音する。

・前の母音をはっきりと発音して, 後は軽く添える。

※　ia ie ua uo は, 前に子音がつかない場合, ya ye wa wo と書き表す。

▶A8 **リピート1** 発音しましょう

yáyī	yèwù	yéye	ài wǒ	wáwa
牙医	业务	爷爷	爱我	娃娃
（歯科医）	（業務）	（祖父）	（私を愛する）	（子ども・人形）

▶A9　③　三重母音

iao (yao)	iou (you)	uai (wai)	uei (wei)

　　・iou は前に子音がつく場合，o を書かずに iu と記す。例）l + iou → liu（柳 liǔ）

　　・uei は前に子音がつく場合，e を書かずに ui と記す。例）g + uei → gui（贵 guì）

　　※　iao iou uai uei は前に子音がつかない場合，yao you wai wei と書き表す。

▶A10　リピート1　　発音しましょう

wàiwù　　　　yōuyǎ　　　　yǒu'ài　　　　yǒu yìyì　　　　wèiyào
外务　　　　　优雅　　　　　友爱　　　　　有意义　　　　　胃药
（外務）　　　（上品である）　（友愛）　　　（意味がある）　（胃薬）

　　※　"yǒu'ài" の ' を隔音記号といい，a o e の前につけて音節の区切りを示す。

▶A11　　例）Xī'ān 西安（西安）　⇔　xiān 先（先に）

練習問題1

▶A12　①　発音を聞いて，声調符号をつけなさい。

　　　　① a　　　　② yi　　　　③ wei　　　　④ wu　　　　⑤ ai　　　　⑥ ya

▶A13　②　発音を聞いて，読まれた方に○をつけなさい。

　　　　① yě － yǐ　　　　② yí － yǎ　　　　③ wà － wài　　　　④ yá － yé

　　　　⑤ wá － yá　　　　⑥ wǎi － wài　　　　⑦ yǒu － yǎo　　　　⑧ wèi － wài

　　　　⑨ yě － yè　　　　⑩ yǎo － yà

▶A14　③　発音を聞いて，ピンインで表記しなさい。

　　　　① 优雅　　　　② 友爱　　　　③ 胃药　　　　④ 有意义　　　　⑤ 牙医

　　　　_____　_____　_____　_____　_____

▶A15　新出単語

　　□ 爷爷 yéye 名 父方の祖父　　　　　　□ 药 yào 名 薬
　　□ 爱 ài 動 愛する　　　　　　　　　　□ 要 yào 動 要る，欲しい
　　□ 我 wǒ 代 私，僕　　　　　　　　　　□ 娃娃 wáwa 名 人形

▶A16 **動詞述語文** 主語 + 動詞 + 目的語 〜は〜を〜する

① 爷爷爱我。Yéye ài wǒ.

② 我爱爷爷。Wǒ ài yéye.

③ 我要娃娃。Wǒ yào wáwa.

練習問題 2

▶A17 **1** 発音を聞いて，声調符号をつけなさい。

① yeye　　② wu　　③ wo　　④ yao　　⑤ you

▶A18 **2** 発音を聞いて，ピンインで表記しなさい。

① 爱　　　　② 要　　　　③ 娃娃　　　　④ 爷爷

_____　_____　_____　_____

3 中国語に訳しなさい。

① 私は祖父を愛しています。

_____

② 私は人形が欲しいです。

_____

第 **2** 課　発音Ⅱと "吗 ma" 疑問文
Dì èr kè

発 音 Ⅱ：単母音（2）と二重母音（2）
　　　　　子音（1）　子音（2）
ポイント："吗 ma" の疑問文
　　　　　変調

1　単母音（2）と二重母音（2）

▶A19

e	ü (yu)	er	üe (yue)

・e 　　　日本語の［エ］を発音する時の口の形で，喉の奥から［ウ］と発音する。

・ü(yu)　単母音 u を発音する時の唇の形で［イ］と発音する。

・er 　　単母音 e を発音しながら，舌先をそり上げる。

※　ü は前に子音がつかない場合，yu と書き表し，上の ¨ を略して綴る。

▶A20 **リピート1**　　発音しましょう

yǔyī	wàiyǔ	yú'ěr	èyú	yùyuē
雨衣	外语	鱼饵	鳄鱼	预约
（レインコート）	（外国語）	（釣りの餌）	（ワニ）	（予約する）

2　子音（1）

▶A21

	無気音	有気音		
唇音	b (o)	p (o)	m (o)	f (o)
舌尖音	d (e)	t (e)	n (e)	l (e)

有気音と無気音の違い ―― 有気音は息を強く吐き出して発音する。

無気音は息を抑えて発音する。

▶A22 **リピート1**　　発音しましょう

nǎinai	pòlì	tèjí	fùnǚ	ěrbí
奶奶	魄力	特级	妇女	耳鼻
（祖母）	（迫力）	（特級の）	（女性）	（耳と鼻）

dìtú	yīfu	fǎlǜ	yǒulì	dìyù
地图	衣服	法律	有力	地域
（地図）	（服）	（法律）	（力強い）	（地域）

③ 子音（2）

	無気音	有気音	
舌根音	g (e)	k (e)	h (e)
舌面音	j (i)	q (i)	x (i)

※ ü が j・q・x の後につく場合，u と表記するが，発音は ü のままである。

例）去 qù　　序 xù　　句 jù

▶A24 リピート1　　発音しましょう

dàxué	gùkè	kělè	jíjiù	kāfēi
大学	顾客	可乐	急救	咖啡
（大学）	（顧客）	（コーラ）	（救急手当をする）	（コーヒー）

qíjì	xuéxí	jiějué	gēge	xǐyījī
奇迹	学习	解决	哥哥	洗衣机
（奇跡）	（学習する）	（解決する）	（兄）	（洗濯機）

練習問題 1

▶A25 **1** 発音を聞いて，声調符号をつけなさい。

① e　　　　② ke　　　　③ er　　　　④ ku　　　　⑤ nai

⑥ yue　　　⑦ fei　　　⑧ xue　　　⑨ tou　　　⑩ lao

▶A26 **2** 発音を聞いて，読まれた方に○をつけなさい。

① nǔ － nǚ　　② yú － wú　　③ é － ér　　④ tiē － diē　　⑤ bù － pù

⑥ dè － tè　　⑦ nē － lē　　⑧ yè － yuè　　⑨ dǔ － tǔ　　⑩ là － lè

▶A27 **3** 発音を聞いて，ピンインで表記しなさい。

① 哥哥　　　② 学习　　　③ 可乐　　　④ 法律　　　⑤ 奇迹

_____　_____　_____　_____　_____

新出単語

- □ 吗 ma 勖 〜ますか
- □ 哥哥 gēge 图 兄
- □ 学习 xuéxí 勯 学ぶ，習う
- □ 外语 wàiyǔ 图 外国語
- □ 她 tā 代 彼女
- □ 喝 hē 勯 飲む
- □ 咖啡 kāfēi 图 コーヒー

- □ 你 nǐ 代 あなた
- □ 洗衣机 xǐyījī 图 洗濯機
- □ 他 tā 代 彼
- □ 去 qù 勯 行く
- □ 学校 xuéxiào 图 学校
- □ 语法 yǔfǎ 图 文法
- □ 了解 liǎojiě 勯 知る，分かる

ポイント

▶A29　**1**　**"吗 ma" の疑問文　〜は〜ますか**

① 哥哥学习外语吗？　　　Gēge xuéxí wàiyǔ ma?

　　——哥哥学习外语。　　Gēge xuéxí wàiyǔ.

② 她喝咖啡吗？　　　　　Tā hē kāfēi ma?

　　——她喝咖啡。　　　　Tā hē kāfēi.

③ 你要洗衣机吗？　　　　Nǐ yào xǐyījī ma?

　　——我要洗衣机。　　　Wǒ yào xǐyījī.

④ 他去学校吗？　　　　　Tā qù xuéxiào ma?

　　——他去学校。　　　　Tā qù xuéxiào.

2　**変調**

▶A30　**（1）三声＋三声の変調**

　第三声が連続する場合，前の第三声は第二声のように発音する。但し声調符号は第三声のままである。

　　你好 nǐ hǎo　（ní hǎo）　　　语法 yǔfǎ　（yúfǎ）　　　了解 liǎojiě　（liáojiě）

▶A31　**（2）"一 yī" の変調**

　序数や単語の後部につく場合は，第一声で発音する。

　　五一 Wǔ-Yī（メーデー）　　統一 tǒngyī（統一する）　　第一课 dì yī kè（第一課）

　直後の音節の声調が第一・二・三声の場合は，第四声で発音する。

　　一杯 yì bēi（一杯）　　一齐 yìqí（一斉に）　　一百 yìbǎi（百）

直後の音節の声調が第四声の場合は，第二声で発音する。

一亿 yíyì（一億）　　　　　　一页 yí yè（1ページ）

練習問題2

▶A32 **1**　発音を聞いて，声調符号をつけなさい。

① he　　　　② yibei　　　③ qu　　　　④ kafei　　　⑤ gege

▶A33 **2**　発音を聞いてピンインで表記し，日本語に訳しなさい。

① 一页　　　② 学习　　　③ 学校　　　④ 外语　　　⑤ 洗衣机

_____　_____　_____　_____　_____

（　　　　　）（　　　　　）（　　　　　）（　　　　　）（　　　　　）

3　中国語に訳しなさい。

① 私はコーヒーを飲みます。

_____

② あなたは外国語を学びますか。

_____

③ あなたは洗濯機がほしいですか。

_____

④ 彼女は学校に行きますか。

_____

第 3 课　　発音Ⅲと "是 shì" 構文

Dì　sān　kè

発 音 Ⅲ：子音（3）

ポイント： "是 shì" 構文

動詞の否定形 "不 bù"

"不 bù" の変調

▶A34 **子音（3）**

	無気音	有気音		
そり舌音	zh (i)	ch (i)	sh (i)	r (i)
舌歯音	z (i)	c (i)	s (i)	

・zi・ci・si　日本語の「ズ・ツ・ス」に近い。

・zh と ch　舌の先を上の前歯の後ろにあるでっぱりにつけて発音する。

・sh と r　舌の先を上の前歯の後ろにあるでっぱりにつけず，少しの隙間を残して発音する。

▶A35 **リピート1**　発音しましょう

zǐ – zhǐ	cí – chí	sì – shí	jǐ – zǐ	cī – sī
zì – cì	shǐ – shǔ	zhī – shī	rì – lì	rè – lè

▶A36 **リピート2**　発音しましょう

hē shuǐ	zhǐshì	chìzì	zìzhì	zhīchí
喝水	指示	赤字	自治	支持
（水を飲む）	（指示する）	（赤字）	（自治を行う）	（支える）
sìshí	rìzi	niúròu	zuì dà	zázhì
四十	日子	牛肉	最大	杂志
（四十）	（日・一日）	（牛肉）	（最大である）	（雑誌）

練習問題 1

▶A37 **1**　発音を聞いて，声調符号をつけなさい。

① re　　② zhe　　③ chi　　④ chu　　⑤ shui

⑥ rao　　⑦ ru　　⑧ rou　　⑨ chou　　⑩ che

15

▶A38 **2** 発音を聞いて，読まれた方に○をつけなさい。

① zhǔ － chǔ ② zǐ － zhǐ ③ sì － shì ④ lì － rì

⑤ rè － zhè ⑥ jǐ － zǐ ⑦ zhū － zū ⑧ zì － cì

⑨ lù － rù ⑩ zhè － chè

▶A39 **3** 発音を聞いて，ピンインで表記しなさい。

① 日子 ② 支持 ③ 喝水 ④ 牛肉 ⑤ 杂志

_____ _____ _____ _____ _____

▶A40 新出単語

□ 是 shì 動 ～は～だ
□ 妈妈 māma 名 母親
□ 老师 lǎoshī 名 教師，先生
□ 弟弟 dìdi 名 弟
□ 不 bù 副 ～しない
□ 回 huí 動 帰る，戻る
□ 家 jiā 名 家
□ 妹妹 mèimei 名 妹
□ 开 kāi 動 運転する

□ 车 chē 名 車
□ 姐姐 jiějie 名 姉
□ 吃 chī 動 食べる
□ 饺子 jiǎozi 名 ギョウザ
□ 学 xué 動 学ぶ，習う
□ 买 mǎi 動 買う
□ 牛肉 niúròu 名 牛肉
□ 爸爸 bàba 名 父親
□ 书 shū 名 本

ポイント

▶A41 **1** "是 shì" 構文 主語＋"是"～ 主語は～だ

① 妈妈是老师。 Māma shì lǎoshī.
② 他是哥哥，我是弟弟。 Tā shì gēge, wǒ shì dìdi.

▶A42 **2** 動詞の否定形 "不 bù" ～しない

① 我不回家。 Wǒ bù huí jiā.
② 妹妹不开车吗？ Mèimei bù kāi chē ma?
③ 姐姐不是老师。 Jiějie bú shì lǎoshī.
④ 我不吃饺子。 Wǒ bù chī jiǎozi.

16

3 **"不 bù" の変調**

"不 bù" は第一声，第二声，第三声の語の前につくときは，第四声で発音する。

不吃 bù chī 　　　不学 bù xué 　　　不买 bù mǎi

第四声の音節の前では，"不 bù" は第二声で発音する。

不是 bú shì 　　　不去 bú qù

① 她不吃牛肉。　　　Tā bù chī niúròu.

② 爸爸不买书。　　　Bàba bù mǎi shū.

③ 弟弟不是老师。　　Dìdi bú shì lǎoshī.

④ 我不去学校。　　　Wǒ bú qù xuéxiào.

練習問題2

1 発音を聞いて，声調符号をつけなさい。

① jiejie 　　② shu 　　③ baba 　　④ laoshi 　　⑤ hui

2 発音を聞いて，ピンインで表記しなさい。

① 牛肉 　　② 开车 　　③ 买书 　　④ 吃 　　⑤ 妹妹

_____　_____　_____　_____　_____

3 次の語句を正しい順に並べ替えて訳しなさい。

① 弟弟　　学校　　不　　去

_____（　　　　　　　　　　　　　　　　　　　　）

② 不　　车　　妈妈　　开　　吗

_____（　　　　　　　　　　　　　　　　　　　　）

③ 买　　爸爸　　不　　书

_____（　　　　　　　　　　　　　　　　　　　　）

④ 咖啡　妹妹　喝　不

　　　────────────────────────（　　　　　　　　　　　　　　　　　　　）

⑤ 是　不　老师　哥哥

　　　────────────────────────（　　　　　　　　　　　　　　　　　　　）

4 　中国語に訳しなさい。

① 私はコーヒーを飲みません。

　　　────────────────────────────────────

② 彼女は洗濯機を買いません。

　　　────────────────────────────────────

③ 兄は家に帰りません。

　　　────────────────────────────────────

④ 父は牛肉を食べません。

　　　────────────────────────────────────

⑤ 妹は車を運転しません。

　　　────────────────────────────────────

第 4 课　　発音Ⅳと所有の"有 yǒu"
Dì sì kè

発 音 Ⅳ：鼻母音
ポイント：所有の"有 yǒu"の表現
　　　　　儿化音

▶A46 **鼻母音**

an	en	in	ian	uan	uen	ün	üan
		(yin)	(yan)	(wan)	(wen)	(yun)	(yuan)
ang	eng	ing	iang	uang	ueng		
		(ying)	(yang)	(wang)	(weng)		
ong	iong						
(yong)				※（　）は前に子音がつかない場合の表記			

・uen（wen）の前に子音がつく場合，e を書かずに un と記す。**例）**春 chūn

n と ng の発音の違い

　n は最後に舌先を上の歯の後ろにつける。ng は最後まで舌先をどこにもつけず口を開けたままにする。日本語の「案内（あんない）」が［n］,「案外（あんがい）」が［ng］の発音に該当する。

▶A47 リピート1　　発音しましょう

Hànzì	Yuánsù	Zhōngguó	Dōngjīng	gōngyuán
汉字	原宿	中国	东京	公园
（漢字）	（原宿）	（中国）	（東京）	（公園）

ānquán	yīnyuè	nǚxìng	guāngmíng	jìnyān
安全	音乐	女性	光明	禁烟
（安全である）	（音楽）	（女性）	（明かり）	（禁煙する）

▶A48 リピート2　　発音しましょう

yín‐yún　　rén‐lín　　shēng‐sēn　　yuǎn‐yǎn　　chūn‐cūn

qín‐qíng　　yán‐yáng　　xiǎn‐xiǎng　　yuǎn‐yǎng　　wǎn‐wǎng

練習問題 1

▶A49 **1**　発音を聞いて，声調符号をつけなさい。

① ren　　　② ying　　　③ chang　　　④ liang　　　⑤ zhong

⑥ yan　　　⑦ chuang　　⑧ quan　　　⑨ yin　　　　⑩ shuang

▶A50 **2**　発音を聞いて，読まれた方に○をつけなさい。

① yīng － yīn　　② rì － lì　　③ qián － quán　　④ shuǎng － xuǎn

⑤ xióng － qióng　⑥ kūn － gūn　⑦ yán － yáng　⑧ zhàng － chàng

⑨ jiǎn － qiǎn　　⑩ xuǎn － xiǎn

▶A51 **3**　発音を聞いて，ピンインで表記しなさい。

① 东京　　　② 中国　　　③ 音乐　　　④ 女性　　　⑤ 公园

————————　————————　————————　————————　————————

▶A52 **コラム 1　数の言い方** ···

一	二	三	四	五	六	七	八	九	十
yī	èr	sān	sì	wǔ	liù	qī	bā	jiǔ	shí
1	2	3	4	5	6	7	8	9	10

十一	十二	……	二十	二十一	二十二	……	九十九
shíyī	shí'èr		èrshí	èrshiyī	èrshi'èr		jiǔshijiǔ
11	12		20	21	22		99

一百	一百一十一	二百	一千	一千零八	一万
yìbǎi	yìbǎi yīshíyī	èrbǎi	yìqiān	yìqiān líng bā	yíwàn
100	111	200	1000	1008	10000

- ☐ 有 yǒu 動 持つ・所有する
- ☐ 中国 Zhōngguó 名 中国
- ☐ 朋友 péngyou 名 友達
- ☐ 汉语 Hànyǔ 名 中国語
- ☐ 没 méi 副 〜ない，〜なかった
- ☐ 男 nán 名 男
- ☐ 手机 shǒujī 名 携帯電話，スマートフォン
- ☐ 电视 diànshì 名 テレビ
- ☐ 花儿 huār 名 花
- ☐ 开 kāi 動 （花が）咲く
- ☐ 玩儿 wánr 動 遊ぶ
- ☐ 游戏 yóuxì 名 遊戯，ゲーム
- ☐ 画 huà 動 描く
- ☐ 画儿 huàr 名 絵
- ☐ 喜欢 xǐhuan 動 〜が好きだ，気に入る

ポイント

▶A54 **1 所有の"有 yǒu"の表現 主語＋"有"＋目的語**
何かを持っている，何かがある・いるという意味を表す。

① 我有中国朋友。　　　　　　　　Wǒ yǒu Zhōngguó péngyou.

② 我有汉语书。　　　　　　　　　Wǒ yǒu Hànyǔ shū.

否定は"没 méi"

③ 她没有男朋友。　　　　　　　　Tā méi yǒu nán péngyou.

④ 我没有手机，有电视。　　　　　Wǒ méi yǒu shǒujī, yǒu diànshì.

▶A55 **2 儿化音 音節の末尾にそり舌音 -r をつけたものを儿化音という。**

花 huā → 花儿 huār 　　　 开花儿 kāi huār 　　（花が咲く。）

玩 wán → 玩儿 wánr 　　　 玩儿游戏 wánr yóuxì （ゲームで遊ぶ。）

画 huà → 画儿 huàr 　　　 画画儿 huà huàr 　　（絵をかく。）

▶A56 **3 動詞"喜欢 xǐhuan"の用法 主語＋"喜欢"＋目的語・フレーズ**
〜が好きだ，〜することが好きだ

① 我喜欢大阪。（地名，国名）　　　Wǒ xǐhuan Dàbǎn.

② 我喜欢小林。（人名）　　　　　　Wǒ xǐhuan Xiǎolín.

③ 他不喜欢玩儿游戏。（動詞フレーズ）　Tā bù xǐhuan wánr yóuxì.

④ 我很喜欢学习汉语。（動詞フレーズ）　Wǒ hěn xǐhuan xuéxí Hànyǔ.

＊"很 hěn"（とても）→第5課，"真 zhēn"（本当に）→第12課など副詞は前に置く。

練習問題 2

▶A57 **1** 発音を聞いて，声調符号をつけなさい。

① huar ② pengyou ③ Hanyu ④ hua ⑤ dianshi

▶A58 **2** 発音を聞いて，ピンインで表記しなさい。

① 五 ② 十六 ③ 九十 ④ 一百 ⑤ 一千

_____ _____ _____ _____ _____

3 ピンインを簡体字で記しなさい。

① kāi ② shǒujī ③ huàr

④ yóuxì ⑤ wánr

4 中国語に訳しなさい。

① 私には妹がいます。

_____

② 彼は中国語の本を持っていません。

_____

③ あなたはゲームで遊びますか。

_____

④ あなたは絵を描くことが好きですか。

_____

⑤ 私は絵を描きません。

_____

第 5 课　最近 忙 吗？
Dì wǔ kè　Zuìjìn máng ma?

▶A59 新出単語

- □ 最近 zuìjìn 图 最近
- □ 忙 máng 形 忙しい
- □ 天气 tiānqì 图 天気
- □ 好 hǎo 形 よい
- □ 茶 chá 图 お茶
- □ 很 hěn 副 とても
- □ 热 rè 形 熱い，暑い
- □ 饿 è 形 空腹である
- □ 也 yě 副 ～も

- □ 饭 fàn 图 食事，ご飯
- □ 地图 dìtú 图 地図
- □ 呢 ne 助 ～はどうですか
- □ 图书馆 túshūguǎn 图 図書館
- □ 吧 ba 助 文末につけて提案・勧誘を表す
- □ 中午 zhōngwǔ 图 昼，正午
- □ 食堂 shítáng 图 食堂
- □ 一起 yìqǐ 副 一緒に

ポイント

▶A60 **1　人称代名詞**

	単 数	複 数
一人称	我 wǒ（わたし）	我们 wǒmen（わたしたち） 咱们 zánmen（わたしたち）
二人称	你 nǐ（あなた） 您 nín（"你"の敬称で"你"よりも丁寧な言い方）	你们 nǐmen（あなたたち）
三人称	他 tā（彼） 她 tā（彼女） 它 tā（それ）人間以外の事物	他们 tāmen（彼ら） 她们 tāmen（彼女ら） 它们 tāmen（それら・ あれら）

▶A61 **2　形容詞述語文　主語 ＋（"很 hěn"）＋ 形容詞　～は～だ**

肯定文の場合，"很"をつけて表現することが多い。

① 天气好。　　Tiānqì hǎo.

② 茶很热。　　Chá hěn rè.

否定文では"不"を用いる。

① 天气不好。　　Tiānqì bù hǎo.

② 我不饿。　　Wǒ bú è.

3　副詞 "也 yě"　～も　主語 ＋"也"＋ 動詞・形容詞　～も～する・～だ

① 我也吃饭。　　　　　　Wǒ yě chī fàn.
② 我也不饿。　　　　　　Wǒ yě bú è.
③ 我也没有中国地图。　Wǒ yě méi yǒu Zhōngguó dìtú.

＊否定形は "也"＋"不" / "没" の語順となる。

4　省略疑問文　名詞 ＋"呢 ne"？　～はどうですか

① 我最近很忙，你呢？　Wǒ zuìjìn hěn máng, nǐ ne?
　　—— 我也很忙。　　　Wǒ yě hěn máng.
② 我去图书馆，你呢？　Wǒ qù túshūguǎn, nǐ ne?

5　語気助詞 "吧 ba"（1）提案・勧誘

相手に対して一緒に何かの行動をしようと誘う。

① 中午咱们去食堂吧。　Zhōngwǔ zánmen qù shítáng ba.
② 咱们一起喝茶吧。　　Zánmen yìqǐ hē chá ba.

| 補充語句(1) —— 食べ物と飲み物 |

[食べ物]

米饭	mǐfàn	ご飯
乌冬面	wūdōngmiàn	うどん
蔬菜	shūcài	野菜
水果	shuǐguǒ	果物
点心	diǎnxin	お菓子
冰淇淋	bīngqílín	アイスクリーム
蛋糕	dàngāo	ケーキ
三明治	sānmíngzhì	サンドイッチ
意大利面	Yìdàlìmiàn	パスタ
汉堡包	hànbǎobāo	ハンバーガー

[飲み物]

酱汤	jiàngtāng	味噌汁
玉米汤	yùmǐtāng	コーンスープ
绿茶	lǜchá	緑茶
乌龙茶	wūlóngchá	ウーロン茶
红茶	hóngchá	紅茶
矿泉水	kuàngquánshuǐ	ミネラルウォーター
橘子汁	júzizhī	オレンジジュース
牛奶	niúnǎi	牛乳
可乐	kělè	コーラ
啤酒	píjiǔ	ビール

練習問題 1

1 ピンインを簡体字に改めて，日本語に訳しなさい。

① shítáng ＿＿＿＿＿＿＿　② zhōngwǔ ＿＿＿＿＿＿＿　③ dìtú ＿＿＿＿＿＿＿
（　　　　　　　　）　（　　　　　　　　　　）　（　　　　　　　　　　）

④ zuìjìn ＿＿＿＿＿＿＿　⑤ tiānqì ＿＿＿＿＿＿＿
（　　　　　　　　）　（　　　　　　　　　　）

2 中国語に訳しなさい。

① 私はコーラを飲みます，あなたは？　＿＿＿＿＿＿＿＿＿＿＿＿＿＿＿＿

② 私もコーラを飲みます。　＿＿＿＿＿＿＿＿＿＿＿＿＿＿＿＿

③ お昼にハンバーガーを食べましょう。　＿＿＿＿＿＿＿＿＿＿＿＿＿＿＿＿

④ 彼女も牛乳を飲みません。　＿＿＿＿＿＿＿＿＿＿＿＿＿＿＿＿

⑤ 私も野菜（を食べること）が好きではありません。

＿＿＿＿＿＿＿＿＿＿＿＿＿＿＿＿

▶A66 **3** 次の会話を繰り返し読んで練習しなさい。

1) a：我有汉语词典，你呢？　　　　　　b：我没有汉语词典。
　　Wǒ yǒu Hànyǔ cídiǎn, nǐ ne?　　　　　Wǒ méi yǒu Hànyǔ cídiǎn.

　a：我们不去学校，你呢？　　　　　b：我也不去学校。
　　Wǒmen bú qù xuéxiào, nǐ ne?　　　　Wǒ yě bú qù xuéxiào.

2) a：你也去图书馆吗？　　　　　　　b：去，我也去图书馆。
　　Nǐ yě qù túshūguǎn ma?　　　　　Qù, wǒ yě qù túshūguǎn.

　a：你们也不喝咖啡吗？　　　　　　b：不喝，我们也不喝咖啡。
　　Nǐmen yě bù hē kāfēi ma?　　　　Bù hē, wǒmen yě bù hē kāfēi.

3) a：中午咱们一起吃饭吧。　　　　　b：好，吃饺子吧。
　　Zhōngwǔ zámen yìqǐ chī fàn ba.　　Hǎo, chī jiǎozi ba.

　a：咱们喝茶吧。　　　　　　　　　b：好，我喜欢喝乌龙茶。
　　Zánmen hē chá ba.　　　　　　　Hǎo. wǒ xǐhuan hē wūlóngchá.

最近 忙 吗？ Zuìjìn máng ma?

吴浩： 原田，你 好！ 最近 忙 吗?
Wú Hào　Yuántián, nǐ hǎo! Zuìjìn máng ma?

原田： 最近 不 忙。 你 呢?
Yuántián　Zuìjìn bù máng. Nǐ ne?

吴浩： 我 也 不 忙。
Wǒ yě bù máng.

原田： 今天 下午 有 时间 吗?
Jīntiān xiàwǔ yǒu shíjiān ma?

吴浩： 下午 没 有 时间， 晚上 有 时间。
Xiàwǔ méi yǒu shíjiān, wǎnshang yǒu shíjiān.

原田： 那 晚上 我们 一起 吃 饭 吧。
Nà wǎnshang wǒmen yìqǐ chī fàn ba.

吴浩： 好 啊!
Hǎo a!

原田： 那 晚上 见。
Nà wǎnshang jiàn.

☐ 吴浩 Wú Hào（人名）呉は姓，浩は名
☐ 原田 Yuántián（姓）原田
☐ 今天 jīntiān 图 今日
☐ 下午 xiàwǔ 图 午後
☐ 时间 shíjiān 图 時間

☐ 晚上 wǎnshang 图 夜
☐ 那 nà 圈 それでは
☐ 啊 a 助 文末につけて，感嘆や軽い疑問を表す
☐ 见 jiàn 動 会う

練習問題 2

1 ピンインを簡体字に改めて，日本語に訳しなさい。

① shíjiān ＿＿＿＿＿＿　② xiàwǔ ＿＿＿＿＿＿　③ wǎnshang ＿＿＿＿＿＿

（　　　　　　　）　（　　　　　　　　　）　（　　　　　　　　　）

④ bú jiàn ＿＿＿＿＿＿　⑤ jīntiān ＿＿＿＿＿＿

（　　　　　　　）　（　　　　　　　　　）

▶A69 **2** 発音を聞いて書き取り，日本語に訳しなさい。

①　＿＿＿＿＿＿＿＿＿＿＿＿＿＿＿＿＿＿＿＿＿＿＿＿＿＿＿＿＿＿＿＿＿＿＿＿

（　　　　　　　　　　　　　　　　　　　　　　　　　　　　　　　）

②　＿＿＿＿＿＿＿＿＿＿＿＿＿＿＿＿＿＿＿＿＿＿＿＿＿＿＿＿＿＿＿＿＿＿＿＿

（　　　　　　　　　　　　　　　　　　　　　　　　　　　　　　　）

③　＿＿＿＿＿＿＿＿＿＿＿＿＿＿＿＿＿＿＿＿＿＿＿＿＿＿＿＿＿＿＿＿＿＿＿＿

（　　　　　　　　　　　　　　　　　　　　　　　　　　　　　　　）

④　＿＿＿＿＿＿＿＿＿＿＿＿＿＿＿＿＿＿＿＿＿＿＿＿＿＿＿＿＿＿＿＿＿＿＿＿

（　　　　　　　　　　　　　　　　　　　　　　　　　　　　　　　）

⑤　＿＿＿＿＿＿＿＿＿＿＿＿＿＿＿＿＿＿＿＿＿＿＿＿＿＿＿＿＿＿＿＿＿＿＿＿

（　　　　　　　　　　　　　　　　　　　　　　　　　　　　　　　）

総合練習問題

1．空欄に適切な語句を入れて文を完成させなさい。

① 今日はとても暑いです。　　　　　　今天很（　　　　）。

② 天気が良くありません。　　　　　　天气不（　　　　）。

③ 私達もお腹がすいていません。　　　我们（　　　　）不饿。

④ 私達一緒に中国語を学びましょう。　　我们一起学习汉语（　　　　）。

⑤ 私は紅茶を飲みます，あなたは？　　我喝红茶，你（　　　　）？

2．次の語句を正しい順に並べ替えて訳しなさい。

① 忙　呢　最近　我　你　很　　..

（　　　　　　　　　　　　　　　　　　　　　　　　）

② 我　学校　也　去　不　今天　　..

（　　　　　　　　　　　　　　　　　　　　　　　　）

③ 你　时间　下午　吗　有　　..

（　　　　　　　　　　　　　　　　　　　　　　　　）

④ 我们　茶　喝　吧　一起　　..

（　　　　　　　　　　　　　　　　　　　　　　　　）

⑤ 不　今天　也　热　　..

（　　　　　　　　　　　　　　　　　　　　　　　　）

3．中国語に訳しなさい。

① 彼らは最近とても忙しいです。　　_____

② 私はパスタを食べます，あなたは？　　_____

③ 彼もスマートフォンを買いません。　　_____

④ 一緒に図書館に行きましょう。　　_____

⑤ 私はコーヒー（を飲むこと）が大好きです。_____

第 6 课　你 有 没 有 手 机？

Dì liù kè　Nǐ yǒu méi yǒu shǒujī?

▶A70 新出単語

- □ 桌子 zhuōzi 图 机，テーブル
- □ 都 dōu 副 全て，みな
- □ 词典 cídiǎn 图 辞書
- □ 日本人 Rìběnrén 图 日本人
- □ 电脑 diànnǎo 图 パソコン
- □ 书包 shūbāo 图 かばん，バッグ
- □ 贵 guì 形 値段が高い
- □ 什么 shénme 代 何
- □ 谁 shéi 代 誰

- □ 英语 Yīngyǔ 图 英語
- □ 的 de 助 ～の
- □ 大学 dàxué 图 大学
- □ 大 dà 形 大きい
- □ 中国人 Zhōngguórén 图 中国人
- □ 贵姓 guìxìng 图 お名前（相手の姓をたずねる）
- □ 姓 xìng 動 姓は～である
- □ 叫 jiào 動 ～と称する
- □ 名字 míngzi 图 名

ポイント

▶A71 **1**　指示代名詞

単 数	这 zhè これ	那 nà それ・あれ	哪 nǎ どれ
複 数	这些 zhèxiē これら	那些 nàxiē それら・あれら	哪些 nǎxiē どれ

① 这是桌子。　　　　　　　　Zhè shì zhuōzi.

② 那不是手机。　　　　　　　Nà bú shì shǒujī.

③ 这些都是汉语词典。　　　　Zhèxiē dōu shì Hànyǔ cídiǎn.

▶A72 **2**　反復疑問文

肯定形＋否定形の形で疑問を表す。"吗 ma" はつけない。

① 他是不是日本人？　　　　　Tā shì bu shì Rìběnrén?

② 你有没有电脑？　　　　　　Nǐ yǒu méi yǒu diànnǎo?

③ 你的书包贵不贵？　　　　　Nǐ de shūbāo guì bu guì?

▶A73 **3**　疑問詞疑問文

① 这是什么？　　　　　　　　Zhè shì shénme?

② 他是谁？　　　　　　　　　Tā shì shéi?

③ 那是什么词典？　　　　　　Nà shì shénme cídiǎn?

　　—— 那是英语词典。　　　　Nà shì Yīngyǔ cídiǎn.

4 　**助詞 "的 de" の表現（1）　名詞 ＋ "的" ＋ 名詞　〜の〜**

(1)　所有関係を表す。

① 这是我的手机。　　　　　Zhè shì wǒ de shǒujī.

② 那是谁的书包？　　　　　Nà shì shéi de shūbāo?

(2)　**親族関係と所属関係を表す。**この場合 "的" を省略してもよい。

① 他是我（的）哥哥。　　　Tā shì wǒ (de) gēge.

② 她（的）妈妈是老师。　　Tā (de) māma shì lǎoshī.

③ 我们（的）大学很大。　　Wǒmen (de) dàxué hěn dà.

5 　**語気助詞 "吧 ba"（2）推測・確認**

文末に置き，推測・確認の意味を表す。　〜だろう・〜だよね

① 你是中国人吧？　　　　　Nǐ shì Zhōngguórén ba?

② 他最近很忙吧？　　　　　Tā zuìjìn hěn máng ba?

6 　**名前を尋ねる表現**

① 您贵姓？ —— 我姓李。　Nín guìxìng? —— Wǒ xìng Lǐ.

② 你叫什么名字？　　　　　Nǐ jiào shénme míngzi?

▶A78		
補充語句(2) —— 国名		
美国	Měiguó	アメリカ
法国	Fǎguó	フランス
德国	Déguó	ドイツ
俄国	Éguó	ロシア
英国	Yīngguó	イギリス
印度	Yìndù	インド
泰国	Tàiguó	タイ
加拿大	Jiānádà	カナダ
巴西	Bāxī	ブラジル
澳大利亚	Àodàlìyà	オーストラリア

▶A79		
補充語句(3) —— 身の回りの物		
本子	běnzi	ノート
笔	bǐ	ペン
课本	kèběn	テキスト
橡皮	xiàngpí	消しゴム
手表	shǒubiǎo	腕時計
眼镜	yǎnjìng	めがね
口罩	kǒuzhào	マスク
杯子	bēizi	コップ
手帕	shǒupà	ハンカチ
纸巾	zhǐjīn	ティッシュ

▶A80		
補充語句(4) —— 専門分野		
文学	wénxué	文学
化学	huàxué	化学
法律	fǎlǜ	法律
医学	yīxué	医学
建筑	jiànzhù	建築
英文	Yīngwén	英語
日文	Rìwén	日本語
媒体	méitǐ	メディア
金融	jīnróng	金融
教育	jiàoyù	教育

練習問題 1

1 ピンインを簡体字に改めて，日本語に訳しなさい。

① shénme _____　② Yīngyǔ _____　③ cídiǎn _____

（　　　　　　　）　（　　　　　　　）　（　　　　　　　　）

④ diànnǎo _____　⑤ zhuōzi _____

（　　　　　　　）　（　　　　　　　）

2 中国語に訳しなさい。

① お名前は何とおっしゃいますか。　_____

② 彼はアメリカ人ですよね。　_____

③ あれはあなたのハンカチですか。　_____

④ 私の姉は建築を勉強しています。　_____

⑤ これは誰のテキストですか。　_____

▶A81 **3** 次の会話を繰り返し読んで練習しなさい。

1)　a：那是你的书包吧？　　b：不是，这不是我的（书包），是他的（书包）。
　　　Nà shì nǐ de shūbāo ba?　Bú shì, zhè bú shì wǒ de (shūbāo), shì tā de (shūbāo).

　　a：你最近很忙吧？　　b：不忙，我不忙。
　　　Nǐ zuìjìn hěn máng ba?　Bù máng, wǒ bù máng.

2)　a：你有没有电脑？　　b：有，我有电脑。
　　　Nǐ yǒu méi yǒu diànnǎo?　Yǒu, wǒ yǒu diànnǎo.

　　a：他是不是你（的）哥哥？　b：他不是我（的）哥哥，是我（的）朋友。
　　　Tā shì bu shì nǐ (de) gēge?　Tā bú shì wǒ (de) gēge, shì wǒ (de) péngyou.

3)　a：哪些是你的书？　　b：这些都是我的书。
　　　Nǎxiē shì nǐ de shū?　Zhèxiē dōu shì wǒ de shū.

　　a：那是什么？　　b：这是我的词典。
　　　Nà shì shénme?　Zhè shì wǒ de cídiǎn.

　　a：那些是什么词典？　b：那些是汉语词典。
　　　Nàxiē shì shénme cídiǎn?　Nàxiē shì Hànyǔ cídiǎn.

课文　你 有 没 有 手机？　Nǐ yǒu méi yǒu shǒujī?

原田：你 好！ 你 是 中国人 吧？
　　　Nǐ hǎo! Nǐ shì Zhōngguórén ba?

李明：对。 我 叫 李 明， 是 经济 学部 的 留学生。
Lǐ Míng　Duì. Wǒ jiào Lǐ Míng, shì jīngjì xuébù de liúxuéshēng.

原田：我 姓 原田， 叫 原田 香奈， 是 人文 学部 的 学生。
　　　Wǒ xìng Yuántián, jiào Yuántián Xiāngnài, shì rénwén xuébù de xuésheng.

李明：我 学习 日本 经济。
　　　Wǒ xuéxí Rìběn jīngjì.

原田：我 学习 汉语，我们 互相 帮助 吧。
　　　Wǒ xuéxí Hànyǔ, wǒmen hùxiāng bāngzhù ba.

李明：好 的。你 有 没 有 手机?
　　　Hǎo de. Nǐ yǒu méi yǒu shǒujī?

原田：有， 这是 我 的 电话 号码。
　　　Yǒu, zhè shì wǒ de diànhuà hàomǎ.

李明：这 是 我 的 电话 号码。
　　　Zhè shì wǒ de diànhuà hàomǎ.

　　　请 多 关照。
　　　Qǐng duō guānzhào.

原田：请 多 关照。
　　　Qǐng duō guānzhào.

▶A83 新出単語

□ 对 duì 形 正しい，その通りだ
□ 李明 Lǐ Míng（人名）李明
□ 经济 jīngjì 名 経済
□ 学部 xuébù 名 学部
□ 留学生 liúxuéshēng 名 留学生
□ 人文 rénwén 名 人文
□ 学生 xuésheng 名 学生

□ 日本 Rìběn 名 日本
□ 互相 hùxiāng 副 互いに
□ 帮助 bāngzhù 動 助ける
□ 电话 diànhuà 名 電話
□ 号码 hàomǎ 名 番号
□ 请多关照 Qǐng duō guānzhào.（挨拶語）
　　どうぞ宜しくお願いします

練習問題 2

1 ピンインを簡体字に改めて，日本語に訳しなさい。

① bāngzhù ＿＿＿＿＿＿＿＿　② jīngjì ＿＿＿＿＿＿＿＿　③ hàomǎ ＿＿＿＿＿＿＿＿

　（　　　　　　　　　）　（　　　　　　　　　　　）　（　　　　　　　　　　　）

④ diànhuà ＿＿＿＿＿＿＿＿　⑤ Qǐng duō guānzhào ＿＿＿＿＿＿＿＿＿＿＿＿＿

　（　　　　　　　　　）　（　　　　　　　　　　　）

▶A84 2 発音を聞いて簡体字で書き取り，日本語に訳しなさい。

①＿＿＿＿＿＿＿＿＿＿＿＿＿＿＿＿＿＿＿＿＿＿＿＿＿＿＿＿＿＿＿＿＿＿＿＿＿＿＿

　（　　　　　　　　　　　　　　　　　　　　　　　　　　　　　　　　　　　　）

②＿＿＿＿＿＿＿＿＿＿＿＿＿＿＿＿＿＿＿＿＿＿＿＿＿＿＿＿＿＿＿＿＿＿＿＿＿＿＿

　（　　　　　　　　　　　　　　　　　　　　　　　　　　　　　　　　　　　　）

③＿＿＿＿＿＿＿＿＿＿＿＿＿＿＿＿＿＿＿＿＿＿＿＿＿＿＿＿＿＿＿＿＿＿＿＿＿＿＿

　（　　　　　　　　　　　　　　　　　　　　　　　　　　　　　　　　　　　　）

④＿＿＿＿＿＿＿＿＿＿＿＿＿＿＿＿＿＿＿＿＿＿＿＿＿＿＿＿＿＿＿＿＿＿＿＿＿＿＿

　（　　　　　　　　　　　　　　　　　　　　　　　　　　　　　　　　　　　　）

⑤＿＿＿＿＿＿＿＿＿＿＿＿＿＿＿＿＿＿＿＿＿＿＿＿＿＿＿＿＿＿＿＿＿＿＿＿＿＿＿

　（　　　　　　　　　　　　　　　　　　　　　　　　　　　　　　　　　　　　）

総合練習問題

1．空欄に適切な語句を入れて，文を完成させなさい。

① 私は原田です，原田香奈といいます。　　我（　　　　）原田，（　　　　）原田香奈。

② 彼は中国人留学生ではありません，日本人学生です。

　　　　　　　　　　　　　　他不是（　　　　　　　　），是（　　　　　　　　）。

③ あれはあなたの眼鏡ですか。　　　　　那是你的（　　　　）吗？

④ これらはあなたの本ですか。　　　　（　　　　　　　）是你的（　　　）吗？

⑤ どうぞ宜しくお願いします。　　　　请多（　　　　　　　）。

2．次の語句を正しい順に並べ替えて，日本語に訳しなさい。

① 不　他　是　中国人　是　？　　..

　（　　　　　　　　　　　　　　　　　　　　　　　　　　　　　　）

② 的　本子　是　这些　你　也　吧？　..

　（　　　　　　　　　　　　　　　　　　　　　　　　　　　　　　　）

③ 是　不　词典　的　我　这　　　　..

　（　　　　　　　　　　　　　　　　　　　　　　　　　　　　　　　）

④ 经济　学习　我　也　日本　　　　..

　（　　　　　　　　　　　　　　　　　　　　　　　　　　　　　　　）

⑤ 我　这　手机　是　号码　的　　　..

　（　　　　　　　　　　　　　　　　　　　　　　　　　　　　　　　）

3．中国語に訳しなさい。

① あなたはパソコンをもっていますか。　..

② それはあなたのカバンですよね。　　　..

③ あなたのお名前はなんと言いますか。　..

④ あなたたちの大学はとても大きいですよね。..

⑤ それらもあなたの本ですか。　　　　　..

第 7 课　你 家 在 哪儿？
Dì　qī　kè　　Nǐ　jiā　zài　nǎr?

▶A85 **新出単語**

- □ 在 zài 動 ある，いる
- □ 厕所 cèsuǒ 图 トイレ
- □ 星期 xīngqī 图 曜日
- □ 几 jǐ 疑 幾つ
- □ 东京 Dōngjīng 图 東京
- □ 横滨 Héngbīn 图 横浜
- □ 想 xiǎng 助動 ～したい，したいと思う
- □ 京都 Jīngdū 图 京都
- □ 过 guo 動 ～したことがある
- □ 听 tīng 動 聞く

- □ 音乐 yīnyuè 图 音楽
- □ 海外 hǎiwài 图 海外
- □ 韩国 Hánguó 图 韓国
- □ 菜 cài 图 料理，おかず，食材
- □ 先 xiān 副 先に
- □ 走 zǒu 動 歩く，行く
- □ 早点儿 zǎodiǎnr 早めに
- □ 休息 xiūxi 動 休む
- □ 点 diǎn 图 ～時（時刻を表す）
- □ 上午 shàngwǔ 图 午前

ポイント

▶A86 **1　場所代名詞**

ここ	そこ・あそこ	どこ
这儿 zhèr　这里 zhèlǐ·zhèli	那儿 nàr　那里 nàlǐ·nàli	哪儿 nǎr　哪里 nǎli

▶A87 **2　所在を表す動詞 "在 zài"**
主語（もの・人・動物）＋ "在" ＋ 場所
主語（もの・人・動物）は　場所に　ある・いる

① 厕所在哪儿？　　　　　　Cèsuǒ zài nǎr?

② 你星期几在学校？　　　　Nǐ xīngqī jǐ zài xuéxiào?

▶A88 否定文は　主語（もの・人・動物）＋（"不"・"没"）"在" ＋ 場所
主語（もの・人・動物）は　場所に　ない・いない／なかった・いなかった

① 我家不在东京，在横滨。　Wǒ jiā bú zài Dōngjīng, zài Héngbīn.

② 他们没在图书馆。　　　　Tāmen méi zài túshūguǎn.

35

3 意志を表す助動詞 "想 xiǎng" ～したい・したいと思う
主語 ＋ "想" ＋ 動詞（＋ 目的語）

① 他也想学汉语。　　　　　Tā yě xiǎng xué Hànyǔ.
② 我不想去京都。　　　　　Wǒ bù xiǎng qù Jīngdū.
③ 今天你想吃什么？　　　　Jīntiān nǐ xiǎng chī shénme?

4 過去の経験を表す助詞 "过 guo" ～したことがある
主語 ＋ 動詞 ＋ "过" ＋（目的語）
否定文は　主語 ＋ "没 méi（有 yǒu）" ＋ 動詞 ＋ "过" ＋（目的語）

① 你听过中国音乐吗？　　　Nǐ tīngguo Zhōngguó yīnyuè ma?
② 我也没去过海外。　　　　Wǒ yě méi qùguo hǎiwài.
③ 我没吃过韩国菜。　　　　Wǒ méi chīguo Hánguó cài.

5 語気助詞 "吧 ba"（3）命令表現
相手に軽く命令をする場合に使う　～してください

① 你先走吧。　　　　　　　Nǐ xiān zǒu ba.
② 早点儿休息吧。　　　　　Zǎodiǎnr xiūxi ba.
③ 你们上午九点来吧。　　　Nǐmen shàngwǔ jiǔ diǎn lái ba.

| 補充語句(5) —— 場所や施設 |

校园	xiàoyuán	キャンパス	博物馆	bówùguǎn	博物館
教学楼	jiàoxuélóu	校舎・講義棟	百货大楼	bǎihuòdàlóu	デパート
银行	yínháng	銀行	公园	gōngyuán	公園
宾馆	bīnguǎn	ホテル	停车场	tíngchēchǎng	駐車場
书店	shūdiàn	本屋	商场	shāngchǎng	ショッピングモール
城市	chéngshì	都市	操场	cāochǎng	グラウンド・運動場
市中心	shì zhōngxīn	市の中心・都心部	农村	nóngcūn	農村

| 補充語句(6) —— 中国料理の名前 |

北京烤鸭	Běijīng kǎoyā	北京ダック	青椒肉丝	qīngjiāoròusī	チンジャオロース
棒棒鸡	bàngbàngjī	バンバンジー	麻婆豆腐	mápódòufu	マーボー豆腐
担担面	dàndanmiàn	タンタン麺	酸辣汤	suānlàtāng	サンラータン
扬州炒饭	Yángzhōu chǎofàn	五目チャーハン	火锅	huǒguō	火鍋・しゃぶしゃぶ

練習問題 1

1 ピンインを簡体字に改めて，日本語に訳しなさい。

① Dōngjīng ＿＿＿＿＿＿　② hǎiwài ＿＿＿＿＿＿　③ xiūxi ＿＿＿＿＿＿

（　　　　　　）　（　　　　　　　　）　（　　　　　　　　　）

④ zǎodiǎnr ＿＿＿＿＿＿　⑤ xīngqī jǐ ＿＿＿＿＿＿

（　　　　　　）　（　　　　　　　　）

2 中国語に訳しなさい。

① 私はアメリカの博物館に行ったことがあります。＿＿＿＿＿＿＿＿＿

② 今晩はフランス料理が食べたいです。＿＿＿＿＿＿＿＿＿＿＿＿＿＿

③ 銀行はどこにありますか。＿＿＿＿＿＿＿＿＿＿＿＿＿＿＿＿＿＿

④ 私の友達は駐車場にいませんでした。＿＿＿＿＿＿＿＿＿＿＿＿＿＿

⑤ あなたの家は都心部にありますか。＿＿＿＿＿＿＿＿＿＿＿＿＿＿＿

▶A94 **3** 次の会話を繰り返し読んで練習しなさい。

1) a：你想几点回家？　　　　　　　b：我想六点回家。
　　　Nǐ xiǎng jǐ diǎn huí jiā?　　　　Wǒ xiǎng liù diǎn huí jiā.

　　a：你星期几休息？　　　　　　b：我星期天休息。
　　　Nǐ xīngqī jǐ xiūxi?　　　　　　Wǒ xīngqītiān xiūxi.

2) a：你家也在东京吗？　　　　　　b：我家不在东京，在京都。
　　　Nǐ jiā yě zài Dōngjīng ma?　　　Wǒ jiā bú zài Dōngjīng, zài Jīngdū.

　　a：你的手机在哪儿？　　　　　　b：我的手机在这儿。
　　　Nǐ de shǒujī zài nǎr?　　　　　Wǒ de shǒujī zài zhèr.

3) a：你想吃什么？　　　　　　　　b：我想吃饺子。
　　　Nǐ xiǎng chī shénme?　　　　　Wǒ xiǎng chī jiǎozi.

　　a：你想不想学习汉语？　　　　　b：我很想学汉语。
　　　Nǐ xiǎng bu xiǎng xuéxí Hànyǔ?　Wǒ hěn xiǎng xué Hànyǔ.

4) a：明天你早点儿来吧。　　　　　b：好的，几点来？
　　　Míngtiān nǐ zǎodiǎnr lái ba.　　Hǎo de, jǐ diǎn lái?

　　a：谁先去？　　　　　　　　　　b：你先去吧。
　　　Shéi xiān qù?　　　　　　　　Nǐ xiān qù ba.

5) a：你听过中国音乐吗？
Nǐ tīngguo Zhōngguó yīnyuè ma?

b：我没听过中国音乐。
Wǒ méi tīngguo Zhōngguó yīnyuè.

a：你去没去过中国？
Nǐ qù méi qùguo Zhōngguó?

b：我去过中国。
Wǒ qùguo Zhōngguó.

コラム2　時間の表現

▶A95 ●日

一昨日	昨日	今日	明日	明後日
前天 qiántiān	昨天 zuótiān	今天 jīntiān	明天 míngtiān	后天 hòutiān

几号 jǐ hào（何日）　几月 jǐ yuè（何月）

▶A96 ●曜日

月曜日	火曜日	水曜日	木曜日	金曜日	土曜日	日曜日
xīngqīyī 星期一	xīngqī'èr 星期二	xīngqīsān 星期三	xīngqīsì 星期四	xīngqīwǔ 星期五	xīngqīliù 星期六	xīngqītiān 星期天 xīngqīrì 星期日

星期几 xīngqī jǐ（何曜日）　上个星期 shàng ge xīngqī（先週）

这个星期 zhège xīngqī（今週）　下个星期 xià ge xīngqī（来週）　周末 zhōumò（週末）

▶A97 ●時刻

1:20	2:05	10:30	12:30
yì diǎn èrshí fēn 一点二十分	liǎng diǎn wǔ fēn 两点五分	shí diǎn sānshí fēn 十点三十分	shí'èr diǎn bàn 十二点半

两点 liǎng diǎn（2 時）　　一刻 yí kè（15 分）　　半 bàn（30 分）　　三刻 sān kè（45 分）

差五分六点 chà wǔ fēn liù diǎn（6 時 5 分前 ／ 5 時 55 分）　　＊"差"—足りない

现在几点几分？ Xiànzài jǐ diǎn jǐ fēn?

课文 你 家 在 哪儿？ Nǐ jiā zài nǎr?

原田： 吴 浩， 你 家 在 哪儿？
Wú Hào, nǐ jiā zài nǎr?

吴浩： 我 家 在 海南岛。 你 家 呢？
Wǒ jiā zài Hǎinándǎo. Nǐ jiā ne?

原田： 我 家 在 北海 道。 你 去过 吗？
Wǒ jiā zài Běihǎi Dào. Nǐ qùguo ma?

吴浩： 我 还 没 去过。 那儿 的 夏天 很 凉快 吧？
Wǒ hái méi qùguo. Nàr de xiàtiān hěn liángkuai ba?

原田： 对， 非常 凉快。 不过 冬天 很 冷。
Duì, fēicháng liángkuai. Búguò dōngtiān hěn lěng.

吴浩： 真 的 吗？ 我 非常 想 看 北海 道 的 风景。
Zhēn de ma? Wǒ fēicháng xiǎng kàn Běihǎi Dào de fēngjǐng.

原田： 那 今年 暑假 你 来 我 家 吧。
Nà jīnnián shǔjià nǐ lái wǒ jiā ba.

吴浩： 太 好 了！ 谢谢！
Tài hǎo le! Xièxie!

▶B2 新出単語

- □ 海南岛 Hǎinándǎo 图 海南島。中国海南省の島
- □ 北海道 Běihǎi Dào 图 北海道
- □ 还 hái 副 まだ，依然として
- □ 夏天 xiàtiān 图 夏
- □ 凉快 liángkuai 形 涼しい
- □ 非常 fēicháng 副 とても
- □ 不过 búguò 接 しかし，でも
- □ 冬天 dōngtiān 图 冬

- □ 冷 lěng 形 寒い
- □ 真 zhēn 形 本当だ
- □ 看 kàn 動 見る，読む
- □ 风景 fēngjǐng 图 風景、景色
- □ 今年 jīnnián 图 今年
- □ 暑假 shǔjià 图 夏休み
- □ 来 lái 動 来る
- □ 太～了 tài~le とても～だ，～過ぎだ

練習問題 2

1 ピンインを簡体字に改めて，日本語に訳しなさい。

① zhēn ＿＿＿＿＿＿ ② shǔjià ＿＿＿＿＿＿ ③ dōngtiān ＿＿＿＿＿＿

（　　　　　　　　）　（　　　　　　　　　　　）　（　　　　　　　　　　　）

④ fēngjǐng ＿＿＿＿＿＿ ⑤ lěng ＿＿＿＿＿＿

（　　　　　　　　）　（　　　　　　　　　　　）

▶B3　**2** 発音を聞いて簡体字で書き取り，日本語に訳しなさい。

① ＿＿＿＿＿＿＿＿＿＿＿＿＿＿＿＿＿＿＿＿＿＿＿＿＿＿＿＿＿＿＿＿＿＿＿＿

（　　　　　　　　　　　　　　　　　　　　　　　　　　　　　　　　　　　）

② ＿＿＿＿＿＿＿＿＿＿＿＿＿＿＿＿＿＿＿＿＿＿＿＿＿＿＿＿＿＿＿＿＿＿＿＿

（　　　　　　　　　　　　　　　　　　　　　　　　　　　　　　　　　　　）

③ ＿＿＿＿＿＿＿＿＿＿＿＿＿＿＿＿＿＿＿＿＿＿＿＿＿＿＿＿＿＿＿＿＿＿＿＿

（　　　　　　　　　　　　　　　　　　　　　　　　　　　　　　　　　　　）

④ ＿＿＿＿＿＿＿＿＿＿＿＿＿＿＿＿＿＿＿＿＿＿＿＿＿＿＿＿＿＿＿＿＿＿＿＿

（　　　　　　　　　　　　　　　　　　　　　　　　　　　　　　　　　　　）

⑤ ＿＿＿＿＿＿＿＿＿＿＿＿＿＿＿＿＿＿＿＿＿＿＿＿＿＿＿＿＿＿＿＿＿＿＿＿

（　　　　　　　　　　　　　　　　　　　　　　　　　　　　　　　　　　　）

3 課文の内容を参考にして，あなた自身のことについて答えなさい。

① 你家在哪儿? ＿＿＿＿＿＿＿＿＿＿＿＿＿＿＿＿＿＿＿＿＿

② 日本的夏天凉快吗? ＿＿＿＿＿＿＿＿＿＿＿＿＿＿＿＿＿＿

③ 你想不想去海南岛? ＿＿＿＿＿＿＿＿＿＿＿＿＿＿＿＿＿＿

④ 你去过海外吗? ＿＿＿＿＿＿＿＿＿＿＿＿＿＿＿＿＿＿＿＿

⑤ 暑假你想去哪儿? ＿＿＿＿＿＿＿＿＿＿＿＿＿＿＿＿＿＿＿

総合練習問題

1. 空欄に適切な語句を入れて，日本語に訳しなさい。

① 我（　　　　）去北海道。　　　_____

② 你家（　　　　）兵库吗？　　　_____

③ 你去（　　　　）海南岛吗？　　_____

④ 我（　　　　）想喝咖啡。　　　_____

⑤ 你（　　　　）书包（　　　　）哪儿？_____

2. 次の語句を正しい順に並べ替えて，日本語に訳しなさい。

① 凉快　吧　非常　那里　　_____

（　　　　　　　　　　　　　　　　　　　　　　　　　　　）

② 也　北海道　去　今年　吗　你　_____

（　　　　　　　　　　　　　　　　　　　　　　　　　　　）

③ 十点　学校　你们　吧　来　上午　_____

（　　　　　　　　　　　　　　　　　　　　　　　　　　　）

④ 过　学　我　英语　没　也　_____

（　　　　　　　　　　　　　　　　　　　　　　　　　　　）

⑤ 想　去　不　你　海外　想　_____

（　　　　　　　　　　　　　　　　　　　　　　　　　　　）

3. 中国語に訳しなさい。

① 私は北京ダックを食べたことがありません。_____

② 大学のキャンパスは上海の中心部にあります。_____

③ 何時にうちに帰りたいですか。　　_____

④ 何曜日に学校にいますか。　　　　_____

⑤ 先に行って下さい。　　　　　　　_____

第 8 课　哪儿 有 卖 手机 的 商店？

Dì bā kè　Nǎr yǒu mài shǒujī de shāngdiàn?

▶B4　**新出単語**

- □ 卖 mài 動 売る
- □ 商店 shāngdiàn 名 店
- □ 本 běn 量 冊
- □ 两 liǎng 数 2, ふたつ
- □ 个 ge 量 個
- □ 面包 miànbāo 名 パン
- □ 杯 bēi 量 杯
- □ 多少 duōshao 代 どのくらい
- □ 件 jiàn 量 枚, 着
- □ 衣服 yīfu 名 服
- □ 口 kǒu 量 ～人（家族の人数を数える）
- □ 人 rén 名 ひと
- □ 有 yǒu 動 ～がある・いる

- □ 上 shang 历 上
- □ 台 tái 量 台
- □ 多 duō 形 多い
- □ 里面 lǐmiàn 名 中側
- □ 便利店 biànlìdiàn 名 コンビニ
- □ 和 hé 接 ～と
- □ 邮局 yóujú 名 郵便局
- □ 超市 chāoshì 名 スーパー
- □ 教室 jiàoshì 名 教室
- □ 里 li 历 中
- □ 好看 hǎokàn 形 きれいだ, 美しい
- □ 做 zuò 動 する, つくる
- □ 好吃 hǎochī 形 美味しい

ポイント

▶B5　**1　数量詞 ＝ 数 ＋ 量詞**

① 她想买一本词典。　　　　　　　Tā xiǎng mǎi yì běn cídiǎn.

② 我早上吃两个面包，喝一杯咖啡。Wǒ zǎoshang chī liǎng ge miànbāo, hē yì bēi kāfēi.

▶B6　数量の疑問詞

① 几 jǐ（幾つ）　　　　　　你有几本词典？　　　Nǐ yǒu jǐ běn cídiǎn?

② 多少 duōshao（どのくらい）你有多少(件)衣服？　Nǐ yǒu duōshao (jiàn) yīfu?

③ 你家有几口人？　　　　　　　　　　　　　　Nǐ jiā yǒu jǐ kǒu rén?

　　── 我家有四口人。　　　　　　　　　　　Wǒ jiā yǒu sì kǒu rén.

※ "多少" を使う時は量詞を省略してもよい。

▶B7　**2　存在を表す "有 yǒu"　～がある　いる**
場所 ＋ "有／没(有)" ＋ 名詞（もの・人・動物）
～には（もの・人・動物）がある・いる／（ない・いない）

① 桌子上有两台电脑和很多书。　Zhuōzi shang yǒu liǎng tái diànnǎo hé hěn duō shū.

② 学校（的）里面有便利店和食堂，没有邮局和超市。

　　　　　　Xuéxiào (de) lǐmian yǒu biànlìdiàn hé shítáng, méi yǒu yóujú hé chāoshì.

③ 晚上教室里没有学生。　　　Wǎnshang jiàoshìli méi yǒu xuésheng.

▶B8 **3** **指示代名詞 ＋ 量詞の連体修飾表現** "这·那·哪" ＋ 量詞 ＋ 名詞
この，その，あの，どの～

① 这件衣服好看吗?　　　Zhè jiàn yīfu hǎokàn ma?
② 你想看哪本书?　　　　Nǐ xiǎng kàn nǎ běn shū?
　　—— 这本。　　　　　Zhè běn.

※後ろにつける名詞を省略してもよい

▶B9 **4** **助詞 "的 de" の表現（2）連体修飾** 動詞 ＋ "的" ＋ 名詞

動詞の後について連体修飾を表す。

① 妈妈做的菜很好吃。　　　Māma zuò de cài hěn hǎochī.
② 他买的衣服很贵。　　　　Tā mǎi de yīfu hěn guì.

▶B10 補充語句(7) —— 身につける物：組み合わせて覚えましょう

動詞	量詞	名詞
穿 chuān	件 jiàn	衬衫 chènshān ブラウス・ワイシャツ / T 恤 Txù T シャツ
（着る・穿く・履く）		毛衣 máoyī セーター / 大衣 dàyī コート
	条 tiáo	裙子 qúnzi スカート / 裤子 kùzi ズボン
	双 shuāng	鞋 xié 靴 / 袜子 wàzi 靴下
戴 dài	顶 dǐng	帽子 màozi 帽子
（つける・かぶる）	双 shuāng	手套 shǒutào 手袋
	副 fù	眼镜 yǎnjìng 眼鏡 / 隐形眼镜 yǐnxíng yǎnjìng コンタクトレンズ
	只 zhī	口罩 kǒuzhào マスク
围 wéi	条 tiáo	围巾 wéijīn スカーフ・マフラー
（巻く）		
系 jì	条 tiáo	领带 lǐngdài ネクタイ
（しめる）		

コラム3　量詞

个 ge	個	一个 ge（人 rén　面包 miànbāo 苹果 píngguǒ リンゴ）	台 tái	台	六台 tái （电脑 diànnǎo　电视 diànshì）
张 zhāng	枚	两张 zhāng （桌子 zhuōzi　纸 zhǐ 紙）	只 zhī	匹	七只 zhī （狗 gǒu 犬　猫 māo 猫）
条 tiáo	本・匹など	三条 tiáo （路 lù 道路　鱼 yú 魚）	杯 bēi	杯	八杯 bēi （茶 chá　咖啡 kāfēi）
件 jiàn	着・～つ	四件 jiàn （衣服 yīfu　事 shì こと）	把 bǎ	脚・本など	九把 bǎ （椅子 yǐzi イス　雨伞 yǔsǎn 傘）
本 běn	冊	五本 běn （书 shū　词典 cídiǎn）	辆 liàng	台	十辆 liàng （汽车 qìchē 自動車）

※ "二 èr" と "两 liǎng" の違い

"二" は二・二番目（序数），"两" は二つ（数量）を意味する。

例）第二课 dì èr kè　　第二个人 dì èr ge rén　　两个人 liǎng ge rén

コラム4　中国の通貨

中国の通貨（中国元）は "人民币 rénmínbì" という。

元 yuán（块 kuài）　　　角 jiǎo（毛 máo）　　　分 fēn

"十角" は一元，"十分" は一角に相当する。

10.57 元 ── 十元（块）五角（毛）七分

138.86 元 ── 一百三十八元（块）八角（毛）六分

コラム5　方位詞　　名詞＋方位詞　　～の（方向・位置）

	うえ	した	左	右	前	後ろ	中	外	そば
	shàng 上	xià 下	zuǒ 左	yòu 右	qián 前	hòu 后	lǐ 里	wài 外	páng 旁
-mian 面	shàngmian 上面	xiàmian 下面	zuǒmian 左面	yòumian 右面	qiánmian 前面	hòumian 后面	lǐmian 里面	wàimian 外面	─
-bian(r) 边（儿）	shàngbian 上边	xiàbian 下边	zuǒbian 左边	yòubian 右边	qiánbian 前边	hòubian 后边	lǐbian 里边	wàibian 外边	pángbiān 旁边

桌子上 zhuōzishang　　　教室里 jiàoshìli　　　学校（的）里面 xuéxiào (de) lǐmian

練習問題 1

1 ピンインを簡体字に改めて，日本語に訳しなさい。

① yóujú _____ ② chāoshì _____ ③ hǎokàn _____

　（　　　　　　　　　） （　　　　　　　　　　　） （　　　　　　　　　　　　　）

④ miànbāo _____ ⑤ biànlìdiàn _____

　（　　　　　　　　　） （　　　　　　　　　　　）

2 中国語に訳しなさい。

① 三匹の猫 ....

② 四着のズボン ....

③ 六枚のブラウス ....

④ 彼女が穿いているスカートはとてもきれいです。 ....

⑤ 彼が履いている靴は高価です。 ....

▶B14 **3** 次の会話を繰り返し読んで練習しなさい。

1)　a：这儿有邮局吗？
　　　　Zhèr yǒu yóujú ma?

　　b：有，在超市右面。
　　　　Yǒu, zài chāoshì yòumian.

　　a：你的桌子上有什么？
　　　　Nǐ de zhuōzishang yǒu shénme?

　　b：我的桌子上有词典和电脑。
　　　　Wǒ de zhuōzishang yǒu cídiǎn hé diànnǎo.

2)　a：你家有几口人？
　　　　Nǐ jiā yǒu jǐ kǒu rén?

　　b：我家有三口人。
　　　　Wǒ jiā yǒu sān kǒu rén.

　　a：你早上喝什么？
　　　　Nǐ zǎoshang hē shénme?

　　b：我早上喝一杯咖啡。
　　　　Wǒ zǎoshang hē yì bēi kāfēi.

3)　a：你妈妈做的饭好吃吗？
　　　　Nǐ māma zuò de fàn hǎochī ma?

　　b：我妈妈做的饭很好吃。
　　　　Wǒ māma zuò de fàn hěn hǎochī.

　　a：晚上你想吃什么？
　　　　Wǎnshang nǐ xiǎng chī shénme?

　　b：我想吃乌冬面。
　　　　Wǒ xiǎng chī wūdōngmiàn.

4)　a：这件衣服真好看。
　　　　Zhè jiàn yīfu zhēn hǎokàn.

　　b：那件也很好看。
　　　　Nà jiàn yě hěn hǎokàn.

　　a：这本书是谁的？
　　　　Zhè běn shū shì shéi de?

　　b：是我的。
　　　　Shì wǒ de.

▶B15 课文 哪儿 有 卖 手机 的 商店？ Nǎr yǒu mài shǒujī de shāngdiàn?

李明： 喂，是 原田 吗？ 我 是 李 明。
Wéi, shì Yuántián ma? Wǒ shì Lǐ Míng.

原田： 李 明，你 好！ 有 事 吗？
Lǐ Míng, nǐ hǎo! Yǒu shì ma?

李明： 我 想 买 一 个 手机。 哪儿 有 卖 手机 的 商店？
Wǒ xiǎng mǎi yí ge shǒujī. Nǎr yǒu mài shǒujī de shāngdiàn?

原田： 秋叶原 车站 附近 有 很 多 电器 商店。 你 去 那儿 吧。
Qiūyèyuán chēzhàn fùjìn yǒu hěn duō diànqì shāngdiàn. Nǐ qù nàr ba.

李明： 好 的。 谢谢！
Hǎo de. Xièxie!

（店で）

李明： 这个 手机 多少 钱？
Zhège shǒujī duōshao qián?

服务员： 四万 五千 日元。
fúwùyuán Sìwàn wǔqiān rìyuán.

李明： 太 贵 了。 有 没 有 便宜 一点儿 的？
Tài guì le. Yǒu méi yǒu piányi yìdiǎnr de?

服务员：有，这个 怎么样？ 三万 两千 日元。
Yǒu, zhège zěnmeyàng? Sānwàn liǎngqiān rìyuán.

李明： 我 买 这个。
Wǒ mǎi zhège.

▶B16 新出单语

☐ 喂 wéi 感 もしもし
☐ 事 shì 名 事, 出来事
☐ 秋叶原 Qiūyèyuán 名 秋葉原
☐ 车站 chēzhàn 名 駅
☐ 附近 fùjìn 名 付近, 近く
☐ 电器 diànqì 名 電気器具
☐ 钱 qián 名 お金
☐ 服务员 fúwùyuán 名 店員
☐ 日元 rìyuán 名 日本円
☐ 便宜 piányi 形 安い
☐ 一点儿 yìdiǎnr 数量 すこし
☐ 怎么样 zěnmeyàng 代 どうですか

1 ピンインを簡体字に改めて，日本語に訳しなさい。

① chēzhàn _____ ② rìyuán _____ ③ mài _____

(　　　　　　　　)　　(　　　　　　　　)　　(　　　　　　　　)

④ piányi _____ ⑤ duōshao qián _____

(　　　　　　　　)　　(　　　　　　　　)

▶B17 2 発音を聞いて簡体字で書き取り，日本語に訳しなさい。

① _____

(　　　　　　　　　　　　　　　　　　　　　　　　　　　　　　　　　　)

② _____

(　　　　　　　　　　　　　　　　　　　　　　　　　　　　　　　　　　)

③ _____

(　　　　　　　　　　　　　　　　　　　　　　　　　　　　　　　　　　)

④ _____

(　　　　　　　　　　　　　　　　　　　　　　　　　　　　　　　　　　)

⑤ _____

(　　　　　　　　　　　　　　　　　　　　　　　　　　　　　　　　　　)

▶B18 3 課文の内容に関する質問を聞いて，中国語で答えなさい。

① _____

② _____

③ _____

④ _____

⑤ _____

1. 空欄に適切な語句を入れて，日本語に訳しなさい。

① 附近有（　　　）有超市？　　_____

② 今天来（　　　）人多吗？　　_____

③ 这（　　　）衬衫多少钱？　　_____

④ 桌子（　　　）有什么？　　_____

⑤ 姐姐做（　　　）菜很好吃。　　_____

2. 次の語句を正しい順に並べ替えて，日本語に訳しなさい。

① 弟弟　有　很　我　多　T恤　..

（　　　　　　　　　　　　　　　　　　　　　　　　　　）

② 电脑　我　的　很　买　贵　想　..

（　　　　　　　　　　　　　　　　　　　　　　　　　　）

③ 学校　便利店　附近　有　没　..

（　　　　　　　　　　　　　　　　　　　　　　　　　　）

④ 件　想　你　哪　买　毛衣　..

（　　　　　　　　　　　　　　　　　　　　　　　　　　）

⑤ 这　三千　本　日元　词典　..

（　　　　　　　　　　　　　　　　　　　　　　　　　　）

3. 中国語に訳しなさい。

① 駐車場は公園の裏にあります。　　_____

② 私の買いたい車は高くありません。　　_____

③ 学校の中に郵便局はありません。　　_____

④ 机の上にはたくさんの本がありますが，辞書はありません。

_____

⑤ 教室に何人の学生がいますか。　　_____

第 9 课　你回家还是去打工?

Dì jiǔ kè　　Nǐ huí jiā háishi qù dǎgōng?

▶B19 新出単語

- ☐ 还是 háishi 接 ~か、それとも~か
- ☐ 打工 dǎ//gōng 動 アルバイトをする
- ☐ 现在 xiànzài 图 現在,今
- ☐ 多大 duō dà いくつ(年齢を聞く)
- ☐ 岁 suì 图 歳
- ☐ 明天 míngtiān 图 あした
- ☐ 上课 shàng//kè 動 授業(科目)を受ける

- ☐ 东西 dōngxi 图 もの
- ☐ 从 cóng 前 ~から
- ☐ 到 dào 前 ~まで
- ☐ 在 zài 前 (場所)で
- ☐ 出发 chūfā 動 出発する
- ☐ 近 jìn 形 近い
- ☐ 体育馆 tǐyùguǎn 图 体育館

ポイント

▶B20 **1　名詞述語文　主語 +("是 shì")+ 述語　~は~だ**

述語が時間の場合,"是"は省略される。

① 现在几点? 　　　　　　　　Xiànzài jǐ diǎn?
② 你多大? 　　　　　　　　　Nǐ duō dà?
　── 我今年十九岁。 　　　 Wǒ jīnnián shíjiǔ suì.
③ 今天不是星期六。 　　　　Jīntiān bú shì xīngqīliù.

※否定文では"是"は省略されない。

▶B21 **2　選択疑問文　A +"还是 háishi"+ B?　Aか,それともBか**

① 你是日本人还是中国人? 　Nǐ shì Rìběnrén háishi Zhōngguórén?
② 你喝咖啡还是喝茶? 　　　Nǐ hē kāfēi háishi hē chá?
③ 你去还是我去? 　　　　　Nǐ qù háishi wǒ qù?
　── 你去吧。 　　　　　　 Nǐ qù ba.

▶B22 **3　連動文　動作を行う時間順に句を並べる。否定文の場合は,"不"・"没(有)"**
を最初の動詞の前に置く。

① 我明天来上课。 　　　　　Wǒ míngtiān lái shàngkè.
② 星期天我去超市买东西。 　Xīngqītiān wǒ qù chāoshì mǎi dōngxi.
③ 我中午不回家吃饭。 　　　Wǒ zhōngwǔ bù huí jiā chī fàn.

4 　前置詞 "从 cóng/ 到 dào/ 在 zài" を使った表現

(1) "从" は 起点を表す。　〜から

　　① 我从朋友家来学校。　　　　　Wǒ cóng péngyou jiā lái xuéxiào.

　　② 明天九点从学校出发。　　　　Míngtiān jiǔ diǎn cóng xuéxiào chūfā.

(2) "到" は 終着点を表す。　〜まで

"从〜到〜"　〜から〜まで

　　① 从星期一到星期四都有课。　　Cóng xīngqīyī dào xīngqīsì dōu yǒu kè.

　　② 从你家到车站近吗？　　　　　Cóng nǐ jiā dào chēzhàn jìn ma?

(3) "在" は 動作の行われる場所を表す。

主語 ＋ "在" ＋ 場所 ＋ 動詞句　　場所で〜する

　　① 下午我在体育馆上课。　　　　Xiàwǔ wǒ zài tǐyùguǎn shàngkè.

　　② 中午我不在食堂吃饭，在教室吃。

　　　　　　　　　Zhōngwǔ wǒ bú zài shítáng chī fàn, zài jiàoshì chī.

▶B24 補充語句⑻ ―― 日常生活に関する動詞フレーズ

站 zhàn　　立つ

坐 zuò　　座る

躺 tǎng　　横になる

洗脸 xǐ liǎn 顔を洗う

洗澡 xǐ//zǎo シャワーを浴びる，風呂に入る

上班 shàng//bān　　出勤する

上网课 shàng//wǎng kè　　オンライン授業を受ける

剪头发 jiǎn tóufa 理发 lǐ//fà 髪を切る

付 fù　　支払う　　　　　　　钱 qián / 费 fèi 費用

刷 shuā　　磨く　　　　　　　牙 yá 歯 / 厕所 cèsuǒ トイレ

开 kāi　　開ける，つける　　　门 mén 扉 / 电视 diànshì テレビ

关 guān　　閉める，消す　　　门 mén 扉 / 电视 diànshì テレビ

发 fā　　送る，出す　　　　　电子邮件 diànzǐ yóujiàn 電子メール /
　　　　　　　　　　　　　　信息 xìnxī 情報，たより

看 kàn　　見る，読む　　　　　报纸 bàozhǐ 新聞 / 小说 xiǎoshuō 小説 /
　　　　　　　　　　　　　　电视节目 diànshì jiémù テレビ番組

穿 chuān 着る / 脱 tuō 脱ぐ / 换 huàn 替える　衣服 yīfu

1 ピンインを簡体字に改めて，日本語に訳しなさい。

① dōngxi _____ ② chūfā _____ ③ tǐyùguǎn _____

（　　　　　　　　）　（　　　　　　　　）　（　　　　　　　　）

④ suì _____ ⑤ cóng _____

（　　　　　　　　）　（　　　　　　　　）

2 中国語に訳しなさい。

① 私は図書館で新聞を読みます。 _____

② あなたは今年何歳ですか。 _____

③ 授業に行きますかそれとも帰りますか。 _____

④ 午後家でオンライン授業を受けます。 _____

⑤ 私は髪を切りに行きたいです。 _____

▶B25 **3** 次の会話を繰り返し読んで練習しなさい。

1) a：明天从哪儿出发？　　　　　　　b：从学校出发。
　　　Míngtiān cóng nǎr chūfā?　　　　　Cóng xuéxiào chūfā.

　　a：从你家到车站近吧？　　　　　　b：对，很近。
　　　Cóng nǐ jiā dào chēzhàn jìn ba?　　Duì, hěn jìn.

2) a：你下午在哪儿学习？　　　　　　b：我在图书馆学习。
　　　Nǐ xiàwǔ zài nǎr xuéxí?　　　　　Wǒ zài túshūguǎn xuéxí.

　　a：晚上你在家做什么？　　　　　　b：我在家看电视。
　　　Wǎnshang nǐ zài jiā zuò shénme?　　Wǒ zài jiā kàn diànshì.

3) a：星期天你去哪儿玩儿？　　　　　b：我去东京玩儿。
　　　Xīngqītiān nǐ qù nǎr wánr?　　　　Wǒ qù Dōngjīng wánr.

　　a：明天你来上课吗？　　　　　　　b：明天我不来上课。
　　　Míngtiān nǐ lái shàngkè ma?　　　　Míngtiān wǒ bù lái shàngkè.

4) a：他是学生还是老师？　　　　　　b：他是学生。
　　　Tā shì xuésheng háishi lǎoshī?　　　Tā shì xuésheng.

　　a：中午你在家吃饭还是在学校吃饭？　b：我在学校吃。
　　　Zhōngwǔ nǐ zài jiā chī fàn háishi zài xuéxiào chī fàn?　Wǒ zài xuéxiào chī.

▶B26 课文 你 回 家 还是 去 打工？ Nǐ huí jiā háishi qù dǎgōng?

原田： 吴 浩, 放学后, 你 回 家 还是 去 打工？
Wú Hào, fàngxuéhòu, nǐ huí jiā háishi qù dǎgōng?

吴浩： 去 打工。 从 晚上 六 点 开始 打工。 现在 几 点？
Qù dǎgōng. Cóng wǎnshang liù diǎn kāishǐ dǎgōng. Xiànzài jǐ diǎn?

原田： 现在 四 点 一 刻。 你 在 哪儿 打工？
Xiànzài sì diǎn yí kè. Nǐ zài nǎr dǎgōng?

吴浩： 在 我 家 附近 的 便利店。 你 做 什么？
Zài wǒ jiā fùjìn de biànlìdiàn. Nǐ zuò shénme?

原田： 从 五 点 到 六 点 半 我 还 有 会话 课。
Cóng wǔ diǎn dào liù diǎn bàn wǒ hái yǒu huìhuà kè.

吴浩： 星期六 晚上 我们 一起 去 看 电影 好 吗？
Xīngqīliù wǎnshang wǒmen yìqǐ qù kàn diànyǐng hǎo ma?

原田： 太 好 了! 我 星期六 晚上 有 时间。
Tài hǎo le! Wǒ xīngxīliù wǎnshang yǒu shíjiān.

吴浩： 那 星期六 晚上 六 点, 我 在 体育馆 前边 等 你。
Nà xīngqīliù wǎnshang liù diǎn, wǒ zài tǐyùguǎn qiánbian děng nǐ.

原田： 好 的。 不 见 不 散。
Hǎo de. Bú jiàn bú sàn.

▶B27 新出単語

- □ 放学后 fàngxuéhòu 放課後
- □ 开始 kāishǐ 動 始める, 始まる
- □ 会话 huìhuà 图 会話
- □ 电影 diànyǐng 图 映画
- □ 等 děng 動 待つ
- □ 不见不散 bú jiàn bú sàn (慣用) 会うまで
  その場を離れない

52

練習問題 2

1 ピンインを簡体字に改めて，日本語に訳しなさい。

① diànyǐng _____   ② kāishǐ _____   ③ dǎgōng _____
  (   ) (   ) (   )

④ huìhuà _____   ⑤ fàngxuéhòu _____
  (   ) (   )

▶B28 **2** 発音を聞いて簡体字で書き取り，日本語に訳しなさい。

① _____

 (   )

② _____

 (   )

③ _____

 (   )

④ _____

 (   )

⑤ _____

 (   )

▶B29 **3** 課文の内容に関する質問を聞いて，中国語で答えなさい。

① _____

② _____

③ _____

④ _____

⑤ _____

総合練習問題

1．空欄に適切な語句を入れて，日本語に訳しなさい。

① 九点开始（　　　　　　）课。　　　_____

② 星期六去（　　　　　　）电影。　_____

③ 上午九点（　　　　　　）车站见。　_____

④ 我们（　　　　　　）上课吧。　　　_____

⑤ 你买手机（　　　　　　）买电脑？_____

2．次の語句を正しい順に並べ替えて，日本語に訳しなさい。

① 在　打工　她　书店　不　　　　..

（　　　　　　　　　　　　　　　　　　　　　　　　　　　）

② 从　家　朋友　学校　去　我　　..

（　　　　　　　　　　　　　　　　　　　　　　　　　　　）

③ 他　看　在　中国电影　日本　过　..

（　　　　　　　　　　　　　　　　　　　　　　　　　　　）

④ 星期天　哪儿　你　东西　买　去　？..

（　　　　　　　　　　　　　　　　　　　　　　　　　　　）

⑤ 今天　你　法国菜　中午　吃　想　泰国菜　吃　还是　想　？

....

（　　　　　　　　　　　　　　　　　　　　　　　　　　　）

3. 中国語に訳しなさい。

① 今日は水曜日ではなく木曜日です。　_____

② お茶を飲みますか，それともコーヒーを飲みますか。

　_____

③ 駅から体育館までとても近いです。　_____

④ 放課後，デパートに洋服を買いに行きます。　_____

⑤ あなたは奈良へ遊びに行きたいですか。　_____

▶B30　コラム6　年齢を尋ねる表現と中国の干支

・你今年几岁?　　　Nǐ jīnnián jǐ suì ?　（児童に向かって）

・你今年多大?　　　Nǐ jīnnián duō dà ?　（同じ年代，または若者に向かって）

・您今年多大岁数?　Nín jīnnián duō dà suìshu ?　（目上の人に向かって）

・你属什么?　　　　Nǐ shǔ shénme ?　（干支は何ですか。）

　── 我属牛。　　Wǒ shǔ niú.　（私は丑年です。）

鼠 shǔ

牛 niú

虎 hǔ

兔 tù

龙 lóng

蛇 shé

马 mǎ

羊 yáng

猴 hóu

鸡 jī

狗 gǒu

猪 zhū

第10课　你都去哪儿了?

Dì shí kè　　Nǐ dōu qù nǎr le?

▶B31 新出単語

- □ 了 le 助 〜した
- □ 昨天 zuótiān 名 昨日
- □ 游泳 yóu//yǒng 動 泳ぐ
- □ 早上 zǎoshang 名 朝
- □ 节 jié 量 (授業の) 〜コマ
- □ 没有 méiyǒu 副 〜していない
- □ 起床 qǐ//chuáng 動 起きる
- □ 比 bǐ 前 〜より
- □ 难 nán 形 難しい
- □ 高 gāo 形 高い
- □ 矮 ǎi 形 低い

- □ 公分 gōngfēn 量 センチメートル
- □ 逛 guàng 動 ぶらぶらする
- □ 聊 liáo 動 雑談する
- □ 结婚 jié//hūn 動 結婚する
- □ 留学 liú//xué 動 留学する
- □ 见面 jiàn//miàn 動 会う，面会する
- □ 日语 Rìyǔ 名 日本語
- □ 分钟 fēn zhōng 〜分，分間
- □ 小时 xiǎoshí 名 〜時間
- □ 月 yuè 量 (時間の単位) 月
- □ 多长 duō cháng どれくらい (時間とものの長さ)
- □ 睡 shuì 動 寝る

ポイント

▶B32 **1　過去・完了を表す助詞 "了 le"　〜した**

主語 ＋ 動詞 ＋ (目的語) ＋ "了"

① 老师来了。　　　　　　　　Lǎoshī lái le.

② 我昨天去游泳了。　　　　　Wǒ zuótiān qù yóuyǒng le.

数量詞等の連体修飾語がある場合は，主語 ＋ 動詞 ＋ "了 le" ＋ 数量詞 ＋ (目的語)

① 早上我吃了两个面包，喝了一杯咖啡。

　　　　　　　　　　　　　　Zǎoshang wǒ chīle liǎng ge miànbāo, hēle yì bēi kāfēi.

② 昨天我上了三节课。　　　　Zuótiān wǒ shàngle sān jié kè.

③ 我们在超市买了很多东西。　Wǒmen zài chāoshì mǎile hěn duō dōngxi.

否定は "没有 méiyǒu" または "没 méi" を用い，"不" は用いない。

① 弟弟还没起床。　　　　　　Dìdi hái méi qǐchuáng.

② 昨天他没来，我也没来。　　Zuótiān tā méi lái, wǒ yě méi lái.

▶B33 **2　比較表現**

(1) A ＋ "比 bǐ" ＋ B ＋ 形容詞 (程度)　　AはBよりも〜だ

① 今天比昨天凉快。　　Jīntiān bǐ zuótiān liángkuai.

② 汉语比英语难吗?　　Hànyǔ bǐ Yīngyǔ nán ma?

(2)　A ＋ "比" ＋ B ＋ 述語の形容詞 ＋ 数量詞　　比較の差を表す

① 我比他高一点儿。　　　　　　　Wǒ bǐ tā gāo yìdiǎnr.

② 妹妹比我矮两公分。　　　　　　Mèimei bǐ wǒ ǎi liǎng gōngfēn.

(3)　否定表現　A ＋ "没有 méiyǒu" ＋ B ＋ 形容詞　　A は B ほど～でない

① 今天没有昨天冷。　　　　　　　Jīntiān méiyǒu zuótiān lěng.

② 她的汉语没有我的汉语好。　　　Tā de Hànyǔ méiyǒu wǒ de Hànyǔ hǎo.

▶B34 **3**　**動詞の重ね型　ちょっと～してみる**

① 等等我。　　　　　　　　　　　Děngdeng wǒ.

② 下午我去横滨逛逛。　　　　　　Xiàwǔ wǒ qù Héngbīn guàngguang.

③ 晚上来我家聊聊吧。　　　　　　Wǎnshang lái wǒ jiā liáoliao ba.

▶B35 **4**　**離合詞**

　　中国語の動詞には，「動詞＋目的語」からなる語がある。これを離合詞といい，間に他の語を入れることができる。

结婚 jiéhūn — 结了婚 jiéle hūn　　　游泳 yóuyǒng — 游过泳 yóuguo yǒng

留学 liúxué — 留过学 liúguo xué　　见面 jiànmiàn — 见过面 jiànguo miàn

① 我在中国留过学。　　　　　　　Wǒ zài Zhōngguó liúguo xué.

② 今天上午我们上日语课。　　　　Jīntiān shàngwǔ wǒmen shàng Rìyǔ kè.

③ 上个星期我们在东京见过面。　　Shàng ge xīngqī wǒmen zài Dōngjīng jiànguo miàn.

▶B36 **5**　**時間の量**

五分钟 wǔ fēn zhōng　5分間　　　六个小时 liù ge xiǎoshí　6時間

七个星期 qī ge xīngqī　7週間　　　八天 bā tiān　8日間

九个月 jiǔ ge yuè　9ヵ月　　　　　十年 shí nián　10年

主語＋動詞＋時間の量＋（目的語）

① 几 jǐ　　　　　　　　　你学了几年英语？　Nǐ xuéle jǐ nián Yīngyǔ?

② 多长时间 duō cháng shíjiān　你睡了多长时间？　Nǐ shuìle duō cháng shíjiān?

　　　　　　　　　　　　　　他睡了多长时间了？　Tā shuìle duō cháng shíjiān le?

※文末に "了" があると，話す時点まで動作が継続していることになる

▶B37 | 補充語句(9) —— 色々な形容詞

重 zhòng	重い		軽 qīng	軽い
新 xīn	新しい		旧 jiù	古い
貴 guì	値段が高い		便宜 piányi	値段が安い
大 dà	大きい・空間的に広い		小 xiǎo	小さい・空間的に狭い
早 zǎo	時間的に早い		晩 wǎn	時間的に遅い
快 kuài	動作や行動が速い		慢 màn	動作や行動が遅い・ゆっくりしている

練習問題 1

1　ピンインを簡体字に改めて，日本語に訳しなさい。

① liáo ＿＿＿＿　② qǐchuáng ＿＿＿＿　③ guàng ＿＿＿＿
（　　　　　）　（　　　　　　　）　（　　　　　　　　）

④ jiànmiàn ＿＿＿＿　⑤ ǎi ＿＿＿＿
（　　　　　）　（　　　　　）

2　中国語に訳しなさい。

① 私は夜三時間テレビを見ました。　＿＿＿＿＿＿＿＿＿＿

② 私のスマートフォンは彼女のより古いです。　＿＿＿＿＿＿＿＿

③ 私たちはこれまで一年間中国語を勉強しています。　＿＿＿＿＿＿

④ 私は100メートル泳ぎました。＊米 mǐ メートル　＿＿＿＿＿＿

⑤ 私の腕時計は彼のほど高くありません。　＿＿＿＿＿＿＿＿

1) a：星期六你去超市买什么了？
　　Xīngqīliù nǐ qù chāoshì mǎi shénme le?

　　b：买了十个饺子，两个面包。
　　　Mǎile shí ge jiǎozi, liǎng ge miànbāo.

　　a：你今天上了几节课？
　　Nǐ jīntiān shàngle jǐ jié kè?

　　b：我今天上了三节课。
　　　Wǒ jīntiān shàngle sān jié kè.

　　a：中午休息了多长时间？
　　Zhōngwǔ xiūxile duō cháng shíjiān?

　　b：休息了一个小时。
　　　Xiūxile yí ge xiǎoshí.

2) a：你比他高多少？
　　Nǐ bǐ tā gāo duōshǎo?

　　b：我比他高三公分。
　　　Wǒ bǐ tā gāo sān gōngfēn.

　　a：英语比汉语难吗？
　　Yīngyǔ bǐ Hànyǔ nán ma?

　　b：英语没有汉语难。
　　　Yīngyǔ méiyǒu Hànyǔ nán.

3) a：星期天去秋叶原逛逛吧。
　　Xīngqītiān qù Qiūyèyuán guàngguang ba.

　　b：好啊。
　　　Hǎo a.

　　a：你在中国留过学吗？
　　Nǐ zài Zhōngguó liúguo xué ma?

　　b：我在中国留过两年学。
　　　Wǒ zài Zhōngguó liúguo liǎng nián xué.

4) a：你学了多长时间汉语了？
　　Nǐ xuéle duō cháng shíjiān Hànyǔ le?

　　b：我学了半年了。
　　　Wǒ xuéle bàn nián le.

　　a：今天上了几节课了？
　　Jīntiān shàngle jǐ jié kè le?

　　b：上了两节了，还有一节。
　　　Shàngle liǎng jié le, hái yǒu yì jié.

课文　你 都 去 哪儿 了？　Nǐ dōu qù nǎr le?

原田：李 明，好久 没 见，你 还 好 吗?
　　　Lǐ Míng, hǎojiǔ méi jiàn, nǐ hái hǎo ma?

李明：我 很 好。 我 回 国 玩儿 了 一 个 星期。
　　　Wǒ hěn hǎo. Wǒ huí guó wánr le yí ge xīngqī.

原田：都 去 哪儿 玩儿 了？
　　　Dōu qù nǎr wánr le?

李明：我 去 黄山 旅游 了。 你 呢?
　　　Wǒ qù Huángshān lǚyóu le. Nǐ ne?

原田：我 和 朋友 一起 去 登 富士山 了。
　　　Wǒ hé péngyou yìqǐ qù dēng Fùshìshān le.

　　　对了，富士山 高 还是 黄山 高?
　　　Duìle, Fùshìshān gāo háishi Huángshān gāo?

李明：黄山 没有 富士山 高，但 比 富士山 美。
　　　Huángshān méiyǒu Fùshìshān gāo, dàn bǐ Fùshìshān měi.

原田：是 吗? 明年 我 也 想 去 看看。
　　　Shì ma? Míngnián wǒ yě xiǎng qù kànkan.

李明：黄山 也 是 世界 遗产，值得 去。
　　　Huángshān yě shì shìjiè yíchǎn, zhíde qù.

新出単語

□好久没见 Hǎojiǔ méi jiàn (挨拶語) 久し
　ぶりですね
□黄山 Huángshān 图 黄山。安徽省にある山。
　1990 年に世界遺産に登録された。
□旅游 lǚyóu 動 旅行する
□登 dēng 動 登る

□富士山 Fùshìshān 图 富士山
□对了 duìle (思いついて) そうだ！
□但 dàn 接 しかし
□美 měi 形 美しい
□世界遗产 shìjiè yíchǎn 世界遺産
□值得 zhíde 動 ～に値する

練習問題 2

1　ピンインを簡体字に改めて，日本語に訳しなさい。

① Wǒ qù Zhōngguó lǚyóu le.

　　　　　　　　　　　　　　　　　　（　　　　　　　　　　　　　　　　）

② Míngnián wǒ xiǎng dēng Fùshìshān.

　　　　　　　　　　　　　　　　　　（　　　　　　　　　　　　　　　　）

③ Huángshān hěn měi, zhíde qù.

　　　　　　　　　　　　　　　　　　（　　　　　　　　　　　　　　　　）

④ Nǐ zài Zhōngguó liúguo xué ma?

　　　　　　　　　　　　　　　　　　（　　　　　　　　　　　　　　　　）

⑤ Nǐ xuéle jǐ nián Hànyǔ?

　　　　　　　　　　　　　　　　　　（　　　　　　　　　　　　　　　　）

▶B41　2　発音を聞いて簡体字で書き取り，日本語に訳しなさい。

①

　　（　　　　　　　　　　　　　　　　　　　　　　　　　　　　　　）

②

　　（　　　　　　　　　　　　　　　　　　　　　　　　　　　　　　）

③

　　（　　　　　　　　　　　　　　　　　　　　　　　　　　　　　　）

④

　　（　　　　　　　　　　　　　　　　　　　　　　　　　　　　　　）

⑤

　　（　　　　　　　　　　　　　　　　　　　　　　　　　　　　　　）

課文の内容に関する質問を聞いて，中国語で答えなさい。

① ....

② ....

③ ....

④ ....

⑤ ....

総合練習問題

1．空欄に適切な語句を入れて，日本語に訳しなさい。

① 你在这儿等（　　　　）我，好吗？　　_____

② 弟弟（　　　　）我矮一点儿。　　　　_____

③ 朋友的汉语（　　　　）我的汉语好。　_____

④ 昨天我（　　　　）来上课。　　　　　_____

⑤ 今天我上（　　　　）四节课。　　　　_____

2．次の語句を正しい順に並べ替えて，日本語に訳しなさい。

① 了　学　我　六年　英语　了　　　..

　（　　　　　　　　　　　　　　　　　　　　　　　　　　　　）

② 英语　难　语法　汉语　没有　语法　..

　（　　　　　　　　　　　　　　　　　　　　　　　　　　　　）

③ 衣服　比　她　买的　我　买的　贵　衣服

　..

　（　　　　　　　　　　　　　　　　　　　　　　　　　　　　）

④ 我　没　去　电影　看　星期天　——————————————————

（　　　　　　　　　　　　　　　　　　　　　　　　）

⑤ 我　来　哥哥　了　三天　玩儿　大阪　上个星期

——————————————————————————————

（　　　　　　　　　　　　　　　　　　　　　　　　）

3．中国語に訳しなさい。

① 私は父より５センチ高いです。　　　_____

② 彼女はイギリスに留学したことがあります。　_____

③ 彼らはグラウンドでサッカーをしました。　_____

④ 姉は店で服を２着買いました。　　_____

⑤ あなたはドイツ語を何年間勉強していますか。_____

第11课　你是怎么去的?

Dì shíyī kè　　Nǐ shì zěnme qù de?

▶B43 新出単語

- □ 怎么 zěnme 代 どう，どのように
- □ 眼睛 yǎnjing 名 目
- □ 工作 gōngzuò 名 仕事
- □ 能 néng 助動 時間・都合・環境などにより～できる
- □ 可以 kěyǐ 助動 時間・都合・環境などにより～できる
- □ 考试 kǎo//shì 動 試験を受ける
- □ 小笼包 xiǎolóngbāo 名 ショーロンポー
- □ 上网 shàng//wǎng 動 インターネットをする
- □ 驾照 jiàzhào 名 免許証
- □ 有点儿 yǒudiǎnr 副 少し

- □ 舒服 shūfu 形 気持ち（気分）がいい
- □ 医院 yīyuàn 名 病院
- □ 离 lí 前 ～から・～まで
- □ 成田机场 Chéngtián jīchǎng 名 成田空港
- □ 不太 bú tài あまり～ない
- □ 远 yuǎn 形 遠い
- □ 着 zhe 助 ～している
- □ 穿 chuān 動 はく，着る
- □ 双 shuāng 量 足
- □ 鞋 xié 名 靴
- □ 躺 tǎng 動 横になる
- □ 汽车 qìchē 名 自動車

ポイント

▶B44 **1　主述述語文**

$$A + \boxed{B + \sim}　A はBが～だ$$

主語　　　述語

① 他眼睛很大。　　　　　　　Tā yǎnjing hěn dà.

② 她汉语很好。　　　　　　　Tā Hànyǔ hěn hǎo.

③ 你工作忙吗?　　　　　　　Nǐ gōngzuò máng ma?

▶B45 **2　"是 shì ～的 de" 構文**

"是" ＋（時間・場所・対象・方法）＋ 動詞 ＋ "的" ＋（目的語）

過去に行なわれた出来事について，その時間・場所・対象・方法を取り立てて表現する。

① 昨天我是十二点睡的。　　　Zuótiān wǒ shì shí'èr diǎn shuì de.

② 今天早上你是在哪里吃的饭?　Jīntiān zǎoshang nǐ shì zài nǎli chī de fàn?

③ 他今天是怎么来的?　　　　Tā jīntiān shì zěnme lái de?

④ 星期天我是和朋友一起去看的电影。

　　　　　　　　　　　　Xīngqītiān wǒ shì hé péngyou yìqǐ qù kàn de diànyǐng.

※"是"は省略可能である。

3 可能を表す助動詞 "能 néng"・"可以 kěyǐ"
時間・都合・環境などにより　～できる
"能"・"可以"＋ 動詞 ＋（目的語）

① 我明天能去考试。　　　　　　　Wǒ míngtiān néng qù kǎoshì.
② 在学校也能上网。　　　　　　　Zài xuéxiào yě néng shàngwǎng.
③ 有电脑，可以在家上课。　　　　Yǒu diànnǎo, kěyǐ zài jiā shàngkè.

否定は "不" または "没" を用いる。
① 没有驾照，不能开车。　　　　　Méi yǒu jiàzhào, bù néng kāi chē.
② 今天他有点儿不舒服，不能来。　Jīntiān tā yǒudiǎnr bù shūfu, bù néng lái.
③ 昨天很忙，没能去医院。　　　　Zuótiān hěn máng, méi néng qù yīyuàn.
④ 妈妈，我可以去玩儿吗？　　　　Māma wǒ kěyǐ qù wánr ma?
　　―― 不可以。　　　　　　　　Bù kěyǐ.

4 前置詞 "离 lí" 二つの物事における時間・距離・数量の隔たりを表す

主語 ＋ "离" ＋ ～　　　　～から
① 中国离日本很近。　　　　　　　Zhōngguó lí Rìběn hěn jìn.
② 我家离成田机场不太远。　　　　Wǒ jiā lí Chéngtián jīchǎng bú tài yuǎn.

"离" ＋ ～　　　　　　　　～まで
① 离上课还有两个小时。　　　　　Lí shàngkè hái yǒu liǎng ge xiǎoshí.
② 离大阪还有 10 公里（千米）。　　Lí Dàbǎn hái yǒu shí gōnglǐ (qiān mǐ).

　　　　　　＊公里 gōnglǐ、千米 qiān mǐ キロメートル

5 助詞 "着 zhe" の用法　動詞 ＋ "着 zhe"　～している　動作の存続を表す

① 我们在外面等着吧。　　　　　　Wǒmen zài wàimian děngzhe ba.
② 姐姐穿着一双新鞋。　　　　　　Jiějie chuānzhe yì shuāng xīn xié.

ある状態で動作をする
① 老师站着上课，我们坐着听课。　Lǎoshī zhànzhe shàngkè, wǒmen zuòzhe tīng kè.
② 我每天晚上躺着玩儿手机。　　　Wǒ měi tiān wǎnshang tǎngzhe wánr shǒujī.

場所 ＋ 動詞 ＋ "着 zhe" ＋ 名詞　　場所に名詞が〜している

① 体育馆前边站着一个人。　　　　Tǐyùguǎn qiánbiān zhànzhe yí ge rén.

② 教室后面坐着很多学生。　　　　Jiàoshì hòumian zuòzhe hěn duō xuésheng.

③ 车站前停着几辆汽车。　　　　　Chēzhàn qián tíngzhe jǐ liàng qìchē.

*停 tíng 停まる　几 jǐ 幾つかの

▶B49　補充語句⑽ —— スポーツ・音楽等に関する表現

打排球	dǎ páiqiú	バレーボールをする	打保龄球	dǎ bǎolíngqiú	ボーリングをする
打篮球	dǎ lánqiú	バスケットをする	踢足球	tī zúqiú	サッカーをする
打羽毛球	dǎ yǔmáoqiú	バトミントンをする	唱歌儿	chàng gēr	歌を歌う
			唱卡拉 OK	chàng kǎlāOK	カラオケをする
打乒乓球	dǎ pīngpāngqiú	卓球をする	拉小提琴	lā xiǎotíqín	バイオリンを弾く

▶B50　補充語句⑾ —— 乗り物に関する表現

骑自行车	qí zìxíngchē	自転車に乗る	坐公共汽车 / 公交车 zuò gōnggòng		
骑摩托车	qí mótuōchē	バイクに乗る	qìchē / gōngjiāochē		公共バスに乗る
坐火车	zuò huǒchē	列車に乗る	坐地铁 zuò dìtiě		地下鉄に乗る
坐电车	zuò diànchē	電車・トロリーバスに乗る	坐飞机 zuò fēijī		飛行機に乗る

※ "坐" の書き言葉には "乘 chéng" を用いる。

1 ピンインを簡体字に改めて，日本語に訳しなさい。

① jiàzhào ＿＿＿＿＿ 　② zěnme ＿＿＿＿＿ 　③ shūfu ＿＿＿＿＿

（　　　　　　　　）　（　　　　　　　　）　（　　　　　　　　　　）

④ yǎnjing ＿＿＿＿＿ 　⑤ yuǎn ＿＿＿＿＿

（　　　　　　　　）　（　　　　　　　　　）

2 中国語に訳しなさい。

① ホテルの中でインターネットができますか。＿＿＿＿＿＿＿＿＿＿＿＿

② 体育館でバドミントンができます。　　　＿＿＿＿＿＿＿＿＿＿＿＿

③ 今晩カラオケ（を歌い）に行きたいです。＿＿＿＿＿＿＿＿＿＿＿＿

④ 冬休みまでまだ一月あります。　　　　　＿＿＿＿＿＿＿＿＿＿＿＿

＊冬休み 寒假 hánjià

⑤ 私は今日電車で大学に来ました。　　　　＿＿＿＿＿＿＿＿＿＿＿＿

▶B51 **3** 次の会話を繰り返し読んで練習しなさい。

1) a：你朋友工作忙不忙？
　　Nǐ péngyou gōngzuò máng bu máng?

　　b：他工作不太忙。
　　　Tā gōngzuò bú tài máng.

　a：汉语语法难不难？
　　Hànyǔ yǔfǎ nán bu nán?

　　b：汉语语法很难。
　　　Hànyǔ yǔfǎ hěn nán.

2) a：你明天能去打工吗？
　　Nǐ míngtiān néng qù dǎgōng ma?

　　b：不能，我明天有课，不能去打工。
　　　Bù néng, wǒ míngtiān yǒu kè, bù néng qù dǎgōng.

　a：我可以给你打电话吗？
　　Wǒ kěyǐ gěi nǐ dǎ diànhuà ma?

　　b：可以。这是我的电话号码。
　　　Kěyǐ. Zhè shì wǒ de diànhuà hàomǎ.

3) a：昨天我去富士山了。
　　Zuótiān wǒ qù Fùshìshān le.

　　b：是吗，（是）和谁去的？
　　　Shì ma, (shì) hé shéi qù de?

　a：（是）和日本朋友去的。
　　(Shì) hé Rìběn péngyou qù de.

　　b：（是）怎么去的？
　　　(Shì) zěnme qù de?

a：（是）开车去的。
(Shì) kāichē qù de.

b：（是）从哪儿去的？
(Shì) cóng nǎr qù de?

a：从朋友家去的。
Cóng péngyou jiā qù de.

4) a：你家离车站近吗？
Nǐ jiā lí chēzhàn jìn ma?

b：我家离车站很近。
Wǒ jiā lí chēzhàn hěn jìn.

a：你们大学离北京远不远？
Nǐmen dàxué lí Běijīng yuǎn bu yuǎn?

b：我们大学离北京不太远。
Wǒmen dàxué lí Běijīng bú tài yuǎn.

5) a：我喜欢躺着看书，你呢？
Wǒ xǐhuan tǎngzhe kàn shū, nǐ ne?

b：我不喜欢躺着看书。
Wǒ bù xǐhuan tǎngzhe kàn shū.

a：那个打着雨伞的人是你朋友吗？
Nàge dǎzhe yǔsǎn de rén shì nǐ péngyou ma?

b：对，她是我朋友。
Duì, tā shì wǒ péngyou.

＊"打 dǎ"傘をさす

课文 你 是 怎么 去 的？ Nǐ shì zěnme qù de?

原田： 吴 浩， 听说 你 病 了， 我 来 看看 你。
Wú Hào, tīngshuō nǐ bìng le, wǒ lái kànkan nǐ.

吴浩： 谢谢。 前天 我 头 有点儿 疼， 还 发了 两 天 烧。
Xièxie. Qiántiān wǒ tóu yǒudiǎnr téng, hái fāle liǎng tiān shāo.

原田： 你 一直 在 床上 躺着 吗？ 去 没 去 医院？
Nǐ yìzhí zài chuángshang tǎngzhe ma? Qù méi qù yīyuàn?

吴浩： 去 了。 是 在 大学 附属 医院 看 的 病。
Qù le. Shì zài dàxué fùshǔ yīyuàn kàn de bìng.

原田： 那儿 离 这儿 很 远， 你 是 怎么 去 的？
Nàr lí zhèr hěn yuǎn, nǐ shì zěnme qù de?

吴浩： 是 坐 出租车 去 的。
Shì zuò chūzūchē qù de.

原田： 你 明天 能 去 上课 吗？
Nǐ míngtiān néng qù shàngkè ma?

吴浩： 还 不 能， 大夫 说 得 休息 三 天。
Hái bù néng, dàifu shuō děi xiūxi sān tiān.

原田： 那 多 保重！ 好好儿 休息 吧。
Nà duō bǎozhòng! Hǎohāor xiūxi ba.

吴浩： 谢谢！ 我 后天 可以 去 学校。
Xièxie! Wǒ hòutiān kěyǐ qù xuéxiào.

新出単語

□ 听说 tīng//shuō 動 聞くところによると~だ そうだ

□ 病 bìng 動 病気になる 名 病気

□ 前天 qiántiān 名 おととい

□ 头 tóu 名 頭

□ 疼 téng 形 痛い

□ 还 hái 副 それに，そして

□ 发烧 fā//shāo 動 熱が出る

□ 一直 yìzhí 副 ずっと

□ 床 chuáng 名 ベッド

□ 附属医院 fùshǔ yīyuàn 付属病院

□ 看病 kàn//bìng 動 診察する，受診する

□ 坐 zuò 動 (タクシー等の乗り物に) 乗る

□ 出租车 chūzūchē 名 タクシー

□ 大夫 dàifu 名 医者

□ 说 shuō 動 話す

□ 得 děi 助動 ~しなければならない

□ 多保重 duō bǎozhòng (挨拶語) お大事に

□ 好好儿 hǎohāor 副 よく

□ 后天 hòutiān 名 明後日

練習問題 2

1 ピンインを簡体字に改めて，日本語に訳しなさい。

① dàifu ＿＿＿＿＿＿ ② kànbìng ＿＿＿＿＿＿ ③ chūzūchē ＿＿＿＿＿＿

(   ) (   ) (   )

④ tīngshuō ＿＿＿＿＿＿ ⑤ fāshāo ＿＿＿＿＿＿

(   ) (   )

▶B54 2 発音を聞いて簡体字で書き取り，日本語に訳しなさい。

① ＿＿＿＿＿＿＿＿＿＿＿＿＿＿＿＿＿＿＿＿＿＿＿＿＿＿＿＿＿＿＿＿＿＿＿

(   )

② ＿＿＿＿＿＿＿＿＿＿＿＿＿＿＿＿＿＿＿＿＿＿＿＿＿＿＿＿＿＿＿＿＿＿＿

(   )

③ ＿＿＿＿＿＿＿＿＿＿＿＿＿＿＿＿＿＿＿＿＿＿＿＿＿＿＿＿＿＿＿＿＿＿＿

(   )

④ ....

    （　　　　　　　　　　　　　　　　　　　　　　　　　　　　　　　）

⑤ ....

    （　　　　　　　　　　　　　　　　　　　　　　　　　　　　　　　）

▶B55 **3**　課文の内容に関する質問を聞いて，中国語で答えなさい。

① ....

② ....

③ ....

④ ....

⑤ ....

総合練習問題

1．空欄に適切な語句を入れて，日本語に訳しなさい。

① 我是在横滨买（　　　　　　）衣服。_____

② 是（　　　　　）原田的家来的。　_____

③ 明天我（　　　　）开车去。　　_____

④ 我家（　　　　）车站不太远。　_____

⑤ 她是（　　　　）学的汉语？　　_____

2．次の語句を正しい順に並べ替えて，日本語に訳しなさい。

① 我们　喝　坐　在　着　中午　食堂　咖啡

....

    （　　　　　　　　　　　　　　　　　　　　　　　　　　　　　　　）

② 超市　离　不太　我家　远 ⏤⏤⏤⏤⏤⏤⏤⏤⏤⏤⏤⏤⏤⏤⏤

（　　　　　　　　　　　　　　　　　　　）

③ 小时　能　我　拉　在家　两个　小提琴

⏤⏤⏤⏤⏤⏤⏤⏤⏤⏤⏤⏤⏤⏤⏤⏤⏤⏤⏤⏤⏤⏤⏤⏤

（　　　　　　　　　　　　　　　　　　　）

④ 他　的　是　吃　在　食堂 ⏤⏤⏤⏤⏤⏤⏤⏤⏤⏤⏤⏤⏤

（　　　　　　　　　　　　　　　　　　　）

⑤ 见　我　新衣服　去　穿着　我朋友　今天

⏤⏤⏤⏤⏤⏤⏤⏤⏤⏤⏤⏤⏤⏤⏤⏤⏤⏤⏤⏤⏤⏤⏤⏤

（　　　　　　　　　　　　　　　　　　　）

3．中国語に訳しなさい。

① 試験まであと二週間あります。　　　＿＿＿＿＿＿＿＿＿＿＿＿＿＿

② 姉は仕事が忙しいです。　　　　　　＿＿＿＿＿＿＿＿＿＿＿＿＿＿

③ 彼女は日本人留学生と一緒に行ったのです。＿＿＿＿＿＿＿＿＿＿＿＿

④ ここで試験を受けても良いですか（受けることができますか）。

　　　　　　　　　　　　　　　　　＿＿＿＿＿＿＿＿＿＿＿＿＿＿

⑤ 熱が出たので病院に行かねばなりません。＿＿＿＿＿＿＿＿＿＿＿＿

第12课　你会用微信吗?

Dì shí'èr kè　　Nǐ huì yòng Wēixìn ma?

▶B56 新出単語

- □ 会 huì 助動 技術・技能を習得して～できる
- □ 用 yòng 動 使う
- □ 微信 Wēixìn 图 WeChat（中国で人気のメッセンジャーアプリケーション）
- □ 了 le 助 ～になった
- □ 感冒 gǎnmào 動 風邪をひく
- □ 对不起 duìbuqǐ ～に申し訳ない，すまない
- □ 得 de 助 程度・結果を表す様態補語を導く
- □ 跑 pǎo 動 走る
- □ 快 kuài 形 速い
- □ 打 dǎ 動 （球技を）する

- □ 棒球 bàngqiú 图 野球
- □ 包 bāo 動 つつむ，（餃子など）を作る
- □ 网球 wǎngqiú 图 テニス
- □ 弹 tán 動 弾く
- □ 钢琴 gāngqín 图 ピアノ
- □ 问 wèn 動 尋ねる
- □ 问题 wèntí 图 問題
- □ 给 gěi 動 あげる，くれる
- □ 礼物 lǐwù 图 プレゼント
- □ 教 jiāo 動 教える

ポイント

▶B57 **1　状況変化の "了 le"　～になった，～に変化した**

形容詞述語文，述語否定型，数量または助動詞を含む述語，時間名詞述語文の文末に置く。

① 休息了一天，感冒好了。　Xiūxile yì tiān, gǎnmào hǎo le.　〔形容詞述語文〕

② 对不起，我头疼，不能去游泳了。Duìbuqǐ, wǒ tóu téng, bù néng qù yóuyǒng le.

〔述語否定型〕

③ 最近不忙了，能去打工了。Zuìjìn bù máng le，néng qù dǎgōng le.

〔助動詞を含む述語〕

④ 几点了?　　　　　　　　Jǐ diǎn le?　　　　　〔時間名詞述語〕

▶B58 **2　助詞 "得 de" と様態補語　動作の程度・結果を表す補語を導く**
主語＋動詞＋（目的語＋動詞）"得"＋ 形容詞・語句　主語は～（のし方）が～だ

① 他跑得快。　　　　　　Tā pǎode kuài.

② 她说汉语说得很好。　　Tā shuō Hànyǔ shuōde hěn hǎo.

③ 你打棒球打得怎么样?　Nǐ dǎ bàngqiú dǎde zěnmeyàng?

3 　可能を表す助動詞 "会 huì" 　技術・技能を習得して 　～できる

否定は "不" を用いる

① 我会包饺子。　　　　　　　　　Wǒ huì bāo jiǎozi.

② 他不会说汉语。　　　　　　　　Tā bú huì shuō Hànyǔ.

③ 你会不会打网球?　　　　　　　Nǐ huì bu huì dǎ wǎngqiú?

④ 我能吃十个小笼包，但不会做。　Wǒ néng chī shí ge xiǎolóngbāo, dàn bú huì zuò.

＊ "会" と "能 néng" の使い分け

時間や条件などの制限がある場合は "会" を使わない。

① 今天不舒服，不能游泳。　　　　Jīntiān bù shūfu, bù néng yóuyǒng.

② 你在家能弹钢琴吗?　　　　　　Nǐ zài jiā néng tán gāngqín ma?

4 　二重目的語構文
　　　動詞 ＋ 名詞₁ ＋ 名詞₂（またはフレーズ）[名詞₁] に [名詞₂] を～する

① 我想问李老师一个问题。　　　　Wǒ xiǎng wèn Lǐ lǎoshī yí ge wèntí.

② 我给朋友一个礼物。　　　　　　Wǒ gěi péngyou yí ge lǐwù.

③ 李老师教我们汉语。　　　　　　Lǐ lǎoshī jiāo wǒmen Hànyǔ.

練習問題 1

1 　ピンインを簡体字に改めて，日本語に訳しなさい。

① wǎngqiú ＿＿＿＿　② lǐwù ＿＿＿＿　③ tán gāngqín ＿＿＿＿

　（　　　　　）　　　（　　　　　）　　　（　　　　　）

④ dǎ bàngqiú ＿＿＿＿　　　　　　　⑤ duìbuqǐ ＿＿＿＿

　（　　　　　）　　　　　　　　　　（　　　　　）

2 中国語に訳しなさい。

① 最近寒くて，風邪を引きました。　＿＿＿＿＿＿＿＿＿＿＿＿＿＿＿＿＿

② 彼はサッカーが上手ですか。（様態補語を用いて）

　　　＿＿＿＿＿＿＿＿＿＿＿＿＿＿＿＿＿＿＿＿

③ あなたはバイオリンが弾けますか。　＿＿＿＿＿＿＿＿＿＿＿＿＿＿＿＿＿

④ 私は友達に新しい靴をプレゼントしました。＿＿＿＿＿＿＿＿＿＿＿＿＿＿

⑤ 彼女はテニスがあまり上手ではありません。＿＿＿＿＿＿＿＿＿＿＿＿＿＿

▶B62 3 次の会話を繰り返し読んで練習しなさい。

1)　a：你会说英语吗?
　　　Nǐ huì shuō Yīngyǔ ma?

b：我会说英语。
　Wǒ huì shuō Yīngyǔ.

　　a：你会打棒球还是会打网球?
　　　Nǐ huì dǎ bàngqiú háishi huì dǎ wǎngqiú?

b：我会打网球。
　Wǒ huì dǎ wǎngqiú.

2)　a：你会说汉语了吗?
　　　Nǐ huì shuō Hànyǔ le ma?

b：我会说一点儿了。
　Wǒ huì shuō yìdiǎnr le.

　　a：你感冒好了吗?
　　　Nǐ gǎnmào hǎo le ma?

b：还没好。
　Hái méi hǎo.

3)　a：你钢琴弹得怎么样?
　　　Nǐ gāngqín tánde zěnmeyàng?

b：我弹得不好。
　Wǒ tánde bù hǎo.

　　a：她会说英语吗?
　　　Tā huì shuō Yīngyǔ ma?

b：会说，她英语说得很好。
　Huì shuō, tā Yīngyǔ shuōde hěn hǎo.

4)　a：谁教你们汉语?
　　　Shéi jiāo nǐmen Hànyǔ?

b：李老师教我们汉语。
　Lǐ lǎoshī jiāo wǒmen Hànyǔ.

　　a：你给朋友什么了?
　　　Nǐ gěi péngyou shénme le?

b：我给朋友花儿了。
　Wǒ gěi péngyou huār le.

5)　a：你会开车，咱们开车去玩儿吧。
　　　Nǐ huì kāichē, zánmen kāichē qù wánr ba.

b：现在不行。我喝酒了，不能开车。
　Xiànzài bùxíng. Wǒ hē jiǔ le, bù néng kāichē.

　　a：你会不会游泳?
　　　Nǐ huì bu huì yóuyǒng?

b：会呀，能游十公里。
　Huì ya, néng yóu shí gōnglǐ.

＊ "不行 bùxíng" いけない，許されない　"游 yóu" 泳ぐ

课文 你 会 用 微信 吗？ Nǐ huì yòng Wēixìn ma?

吴浩： 昨天 我 和 大学 同学 见面 了，聊得 很 开心。
Zuótiān wǒ hé dàxué tóngxué jiànmiàn le, liáode hěn kāixīn.

原田： 他们 来 日本 了 吗？
Tāmen lái Rìběn le ma?

吴浩： 没 来，通过 "微信" 见 的 面。 你 用过 "微信" 吗？
Méi lái, tōngguò "Wēixìn" jiàn de miàn. Nǐ yòngguo "Wēixìn" ma?

原田： 没 用过，还 不 会 用。 你 能 教教 我 吗？
Méi yòngguo, hái bú huì yòng. Nǐ néng jiāojiao wǒ ma?

吴浩： 好 的，我 教 你。
Hǎo de, wǒ jiāo nǐ.

（教了 一会儿）　　　　　　　　　　⋮
（jiāole yíhuìr）

吴浩： 会 用 了 吧？
Huì yòng le ba?

原田： 会 了。 谢谢! 真 有 意思。
Huì le. Xièxie! Zhēn yǒu yìsi.

吴浩： 你 加入 我 的 朋友圈儿 吧， 能 交 很 多 中国 朋友。
Nǐ jiārù wǒ de péngyouquānr ba, néng jiāo hěn duō Zhōngguó péngyou.

原田： 太 好 了，今后 我 也 可以 和 中国 朋友 聊天儿 了。
Tài hǎo le, jīnhòu wǒ yě kěyǐ hé Zhōngguó péngyou liáotiānr le.

新出単語

□ 同学 tóngxué 图 同級生
□ 开心 kāixīn 形 楽しい，嬉しい
□ 通过 tōngguò 動 通じて
□ 一会儿 yíhuìr 数量 (時間が) 少し，しばらく
□ 真 zhēn 副 とても，本当に
□ 有意思 yǒu yìsi 面白い
□ 加入 jiārù 動 加入する

□ 朋友圈儿 péngyouquānr 图 モーメンツ。
　"微信" の機能で，自分の写真や近況を投稿できる。
□ 交 jiāo 動 友人として付き合う
□ 今后 jīnhòu 图 今後
□ 聊天儿 liáo//tiānr 動 雑談する

76

1　ピンインを簡体字に改めて，日本語に訳しなさい。

① Wǒ hé péngyǒu zài Dōngjīng jiànmiàn le.

　　　　　　　　　　　　　　　　　　（　　　　　　　　　　　　　　）

② Wǒ tóu téng, bù néng qù shàngkè le.

　　　　　　　　　　　　　　　　　　（　　　　　　　　　　　　　　）

③ Wǒ xiǎng wèn nǐ yí ge wèntí.

　　　　　　　　　　　　　　　　　　（　　　　　　　　　　　　　　）

④ Wǒ xiǎng jiāo hěn duō péngyou.

　　　　　　　　　　　　　　　　　　（　　　　　　　　　　　　　　）

⑤ Nǐ huì yòng "Wēixìn" liáotiānr ma?

　　　　　　　　　　　　　　　　　　（　　　　　　　　　　　　　　）

▶B65　2　発音を聞いて簡体字で書き取り，日本語に訳しなさい。

①
　　（　　　　　　　　　　　　　　　　　　　　　　　　　　　　　　）

②
　　（　　　　　　　　　　　　　　　　　　　　　　　　　　　　　　）

③
　　（　　　　　　　　　　　　　　　　　　　　　　　　　　　　　　）

④
　　（　　　　　　　　　　　　　　　　　　　　　　　　　　　　　　）

⑤
　　（　　　　　　　　　　　　　　　　　　　　　　　　　　　　　　）

▶B66 3 課文の内容に関する質問を聞いて，中国語で答えなさい。

① ....

② ....

③ ....

④ ....

⑤ ....

総合練習問題

1．空欄に適切な語句を入れて，日本語に訳しなさい。

① 你（　　　　　）做中国菜吗？　　　　_____

② 你（　　　　　）教我打网球吗？　　　_____

③ 我朋友病好了，今天（　　　　　）打棒球了。

　　　　　　　　　　　　　　　　　　　_____

④ 你在家（　　　　　）弹钢琴吗？　　　_____

⑤ 他画画儿画（　　　　　）很漂亮。　　_____

2．次の語句を正しい順に並べ替えて，日本語に訳しなさい。

① 我　说　会　汉语　了　一点儿　...

　（　　　　　　　　　　　　　　　　　　　　　　　　　　　　　　　　）

② 她　说　不太　说　得　好　英语　...

　（　　　　　　　　　　　　　　　　　　　　　　　　　　　　　　　　）

③ 汉语　他　给　一本　了　我　词典　...

　（　　　　　　　　　　　　　　　　　　　　　　　　　　　　　　　　）

④ 得　打　棒球　打　你　怎么样　 ....

(　　　　　　　　　　　　　　　　　　　　　　　　　　　　)

⑤ 我们　微信　用　的　聊　天儿　是　..

(　　　　　　　　　　　　　　　　　　　　　　　　　　　　)

3．中国語に訳しなさい。

① 誰があなたたちに中国語を教えているのですか。

_____

② 大学の同級生と会って，楽しくしゃべりました。

_____

③ 私の弟は歌（を歌うの）が上手です。

_____

④ 彼女は私に帽子をプレゼントしてくれました。

_____

⑤ お腹がすきました，ご飯を食べに行きましょう。

_____

第13课　作业 你 做完 了 吗?
Dì shísān kè　Zuòyè nǐ zuòwán le ma?

▶B67 新出単語

- □ 作业 zuòyè 图 宿題
- □ 完 wán 動 ～し終える
- □ 出 chū 動 出る
- □ 进 jìn 動 入る
- □ 请 qǐng 動 どうぞ～してください
- □ 拿 ná 動 手で持つ，とる
- □ 带 dài 動 持つ，携帯する
- □ 搬 bān 動 運ぶ
- □ 椅子 yǐzi 图 椅子
- □ 张 zhāng 量 枚
- □ 票 piào 图 チケット
- □ 到 dào 動 着く，～に達する
- □ 好 hǎo 形 しっかり～する
- □ 错 cuò 形 間違っている
- □ 懂 dǒng 動 わかる
- □ 话 huà 图 話
- □ 找 zhǎo 動 探す
- □ 钱包 qiánbāo 图 財布
- □ 写 xiě 動 書く
- □ 给 gěi 前 ～てくれる，～てあげる
- □ 介绍 jièshào 動 紹介する
- □ 打 dǎ 動 (電話を) かける
- □ 经常 jīngcháng 副 いつも，よく
- □ 发 fā 動 (メールなどを) 送信する
- □ 课本 kèběn 图 テキスト

ポイント

1　方向補語

▶B68　(1)　単純方向補語

　　動詞 "来 lai" と "去 qu" は他の動詞の後に付いて方向補語となり，「～してくる」「～していく」という動作・行為の方向を示す。

　　・跑来 pǎolai 走ってくる　　・带来 dàilai 持ってくる

　　次の表の移動動詞は単独では使えず，方向補語の "来 lai"・"去 qu" と組み合わせて用いられる。

上 shàng	下 xià	进 jìn	出 chū	回 huí	过 guò	起 qǐ
上がる	下りる	入る	出る	戻る	過ぎる	起きる

　　・上来 shànglai 上がってくる　　・下去 xiàqu 下りていく　　・进来 jìnlai 入ってくる…など

　　移動動詞（＋場所名詞）＋ "来 lai"・"去 qu"　（場所に）～してくる　～していく

　① 你们出去吧!　　　　　　Nǐmen chūqu ba!
　② 快进教室来!　　　　　　Kuài jìn jiàoshì lai!
　③ 你是晚上几点回家去的?　Nǐ shì wǎnshang jǐ diǎn huí jiā qu de?

目的語が場所以外の場合

動作動詞 + 物などの目的語 + "来"・"去"　〜を〜してくる・〜していく

① 请你拿一杯茶来。　　　　　Qǐng nǐ ná yì bēi chá lai.
② 我想带一本书去。　　　　　Wǒ xiǎng dài yì běn shū qu.
③ 我买了一本词典来。　　　　Wǒ mǎile yì běn cídiǎn lái.

＊目的語を "来"・"去" の後ろに置くこともある。

ただし動作が完了している場合は，目的語を "来"・"去" の後に置いてもよい

動作動詞 + "来"・"去" + （了） + 物などの目的語　〜を〜してきた・〜していった

④ 她买来了很多面包。　　　　Tā mǎilaile hěn duō miànbāo.
⑤ 学生们搬去了桌子和椅子。　Xuéshengmen bānqule zhuōzi hé yǐzi.

▶B69　(2)　**複合方向補語**

動作動詞＋移動動詞＋場所・物などの目的語 + "来 lai"・"去 qu"

　上記表の移動動詞が "来"・"去" と組み合わさると「複合方向補語」となり，さらに別の動詞と組み合わせて用いられる。

	上 shàng	下 xià	进 jìn	出 chū	回 huí	过 guò	起 qǐ
来 lai	上来	下来	进来	出来	回来	过来	起来
去 qu	上去	下去	进去	出去	回去	过去	

・跑回去 pǎohuiqu 駆けて戻っていく　・走过来 zǒuguolai（歩いて）やってくる
・拿出来 náchulai 取り出す …など

① 一只狗跑进超市里去了。　　Yì zhī gǒu pǎojin chāoshìli qu le.
② 背着书包登上山来了。　　　Bēizhe shūbāo dēngshang shān lai le.　＊背 bēi 背負う
③ 你买回两张电影票来吧。　　Nǐ mǎihui liǎng zhāng diànyǐng piào lai ba.

ただし目的語が物で動作が完了している場合，目的語は "来"・"去" の後ろでもよい

④ 她从书包里拿出来了一本书。Tā cóng shūbāoli náchulaile yì běn shū.

2 **結果補語**　動詞 ＋（"完 wán"・"到 dào"・"好 hǎo"・"在 zài"・"错 cuò"・"懂 dǒng" など）　動詞の後について動作の結果を表す。

- 完 wán ～し終える 　　・到 dào ～に達する　　・好 hǎo しっかり～する
- 在 zài（場所）に落ち着く　　・错 cuò ～し間違う　　・懂 dǒng ～してわかる

① 我想学好汉语。　　　　　　Wǒ xiǎng xuéhǎo Hànyǔ.

② 学完第十二课了。　　　　　Xuéwán dì shí'èr kè le.

③ 请坐在这儿吧。　　　　　　Qǐng zuòzài zhèr ba.

否定は"没(有)"を用いる

① 我没听懂他说的话。　　　　Wǒ méi tīngdǒng tā shuō de huà.

② 我还没找到钱包。　　　　　Wǒ hái méi zhǎodào qiánbāo.

③ 我没写错他的名字。　　　　Wǒ méi xiěcuò tā de míngzi.

3　**前置詞 "给 gěi"**

(1) ～（のため）に～てくれる・～てあげる

主語 ＋ "给" ＋ 人 ＋ 動詞（＋目的語）

① 朋友给我介绍工作。　　　　Péngyou gěi wǒ jièshào gōngzuò.

② 爸爸不给我买电脑。　　　　Bàba bù gěi wǒ mǎi diànnǎo.

(2) ～に～する　　　対象を表す

① 晚上我给你打电话。　　　　Wǎnshang wǒ gěi nǐ dǎ diànhuà.

② 我经常给朋友发微信。　　　Wǒ jīngcháng gěi péngyou fā Wēixìn.

4　**目的語主題文**　目的語を動詞の前に置く文

目的語を前に置いて言い換えたのではなく，「～については」の意味となる。

① 我没买课本。　　　　　　　Wǒ méi mǎi kèběn.

　→课本我没买。　　　　　　Kèběn wǒ méi mǎi.

② 我听懂今天的课了。　　　　Wǒ tīngdǒng jīntiān de kè le.

　→今天的课我听懂了。　　　Jīntiān de kè wǒ tīngdǒng le.

③ 我找到钱包了。　　　　　　Wǒ zhǎodào qiánbāo le.

　→钱包我找到了。　　　　　Qiánbāo wǒ zhǎodào le.

練習問題 1

1 ピンインを簡体字に改めて，日本語に訳しなさい。

① zhǎodào qiánbāo le　　② gěi nǐ dǎ diànhuà　　③ hái méi xuéwán

---　-------------------------------　---

（　　　　　　　　）　　（　　　　　　　　　）　　（　　　　　　　　　　　）

④ huí jiā qu　　　　⑤ méi tīngdǒng tā shuō de huà

---　---

（　　　　　　　　）　　（　　　　　　　　　　　　　　　　）

2 中国語に訳しなさい。

① 私はメールを書き終えました。　　　_____

② 彼は先生の話を聞き間違えました。　　_____

③ 私は中国語をマスターしたいです。　　_____

④ 父は三冊の小説を買って帰ってきました。_____

⑤ 学生たちはおしゃべりしながら教室に入って来ました。

　　　　　　　　　　　　　　　　　　_____

▶B73　**3**　次の会話を繰り返し読んで練習しなさい。

1)　a：你听懂我说的话了吗?　　　　　　b：都听懂了。
　　　 Nǐ tīngdǒng wǒ shuō de huà le ma?　　　Dōu tīngdǒng le.

　　a：你找到工作了吗?　　　　　　　b：找到了。
　　　 Nǐ zhǎodào gōngzuò le ma?　　　　　 Zhǎodào le.

2)　a：你给她买什么了?　　　　　　　b：给她买了一个钱包。
　　　 Nǐ gěi tā mǎi shénme le?　　　　　 Gěi tā mǎile yí ge qiánbāo.

　　a：你给她打电话了吗?　　　　　 b：打了，我给她打电话了。
　　　 Nǐ gěi tā dǎ diànhuà le ma?　　　 Dǎ le, wǒ gěi tā dǎ diànhuà le.

3)　a：第十二课你学完了吗?　　　　 b：学完了。
　　　 Dì shí'èr kè nǐ xuéwán le ma?　　　 Xuéwán le.

　　a：中国菜你会做吗?　　　　　　 b：不会做，我会做日本菜。
　　　 Zhōngguó cài nǐ huì zuò ma?　　　 Bú huì zuò, wǒ huì zuò Rìběn cài.

4)　a：你今天晚上怎么回学校去?　　 b：开车回学校去。
　　　 Nǐ jīntiān wǎnshang zěnme huí xuéxiào qu?　　 Kāichē huí xuéxiào qu.

　　a：你是几点从家里出来的?　　　 b：我是七点半从家里出来的。
　　　 Nǐ shì jǐ diǎn cóng jiāli chūlai de?　　 Wǒ shì qī diǎn bàn cóng jiāli chūlai de.

课文 作业 你 做完 了 吗? Zuòyè nǐ zuòwán le ma?

（放学后 fàngxuéhòu）

吴浩： 这 节 课 太 难 了， 我 大部分 都 没 听懂。
Zhè jié kè tài nán le, wǒ dàbùfen dōu méi tīngdǒng.

原田： 我 都 听懂 了。 你 昨天 没 预习 吧?
Wǒ dōu tīngdǒng le. Nǐ zuótiān méi yùxí ba?

吴浩： 这 几 天 作业 太 多， 每 天 睡得 很 晚， 所以 没 预习。
Zhè jǐ tiān zuòyè tài duō, měi tiān shuìde hěn wǎn, suǒyǐ méi yùxí.

原田： 那 我 给 你 讲讲 吧。对 了，日语 作业 你 做完 了 吗?
Nà wǒ gěi nǐ jiǎngjiang ba. Duìle, Rìyǔ zuòyè nǐ zuòwán le ma?

吴浩： 还 没 做完。我 打算 回 家 做。
Hái méi zuòwán. Wǒ dǎsuan huí jiā zuò.

原田： 天 快要 黑 了。我们 一起 回去 吧。
Tiān kuàiyào hēi le. Wǒmen yìqǐ huíqu ba.

吴浩： 好 的。 你 先 下去 吧。
Hǎo de. Nǐ xiān xiàqu ba.

我 去 问 老师 一 个 问题。
Wǒ qù wèn lǎoshī yí ge wèntí.

原田： 那 好，我 在 下边 等 一会儿。
Nà hǎo, wǒ zài xiàbian děng yíhuìr.

新出単語

- 大部分 dàbùfen 图 大部分
- 预习 yùxí 動 予習する
- 这几天 zhè jǐ tiān この数日，最近
- 太 tài 副 ～すぎる
- 每天 měi tiān 毎日
- 所以 suǒyǐ 接 ～だから
- 讲 jiǎng 動 説明する，話す

- 打算 dǎsuan 助動 するつもりである
- 快要～了 kuàiyào～le まもなく～する，
  ～になる。"快～了" ともいう
- 黑 hēi 形 暗い
- 那好 nà hǎo それでは
- 下边 xiàbian 历 下

84

練習問題 2

1　ピンインを簡体字に改めて，日本語に訳しなさい。

① Wǒ zài xiàbian děng nǐ.

　　　　　　　　　　　　　　（　　　　　　　　　　　　　　）

② Zhèxiē shū wǒ dōu kànwán le.

　　　　　　　　　　　　　　（　　　　　　　　　　　　　　）

③ Wǒ méi tīngdǒng nǐ shuō de huà.

　　　　　　　　　　　　　　（　　　　　　　　　　　　　　）

④ Tā mǎidào nà běn cídiǎn le ma?

　　　　　　　　　　　　　　（　　　　　　　　　　　　　　）

⑤ Zhuōzi bānlai le ma?

　　　　　　　　　　　　　　（　　　　　　　　　　　　　　）

▶B76　2　発音を聞いて簡体字で書き取り，日本語に訳しなさい。

①
　　（　　　　　　　　　　　　　　　　　　　　　　　　　）

②
　　（　　　　　　　　　　　　　　　　　　　　　　　　　）

③
　　（　　　　　　　　　　　　　　　　　　　　　　　　　）

④
　　（　　　　　　　　　　　　　　　　　　　　　　　　　）

⑤
　　（　　　　　　　　　　　　　　　　　　　　　　　　　）

▶B77 ③ 課文の内容に関する質問を聞いて，中国語で答えなさい。

① ....

② ....

③ ....

④ ....

⑤ ....

総合練習問題

1．空欄に適切な語句を入れて，日本語に訳しなさい。

① 你找（　　　　　）中国朋友了吗？　　＿＿＿＿＿＿＿＿＿＿＿＿＿＿

② 他买（　　　　　）了两杯咖啡。　　　＿＿＿＿＿＿＿＿＿＿＿＿＿＿

③ 我（　　　　）听懂老师的话。　　　　＿＿＿＿＿＿＿＿＿＿＿＿＿＿

④ 她（　　　　）我打来了一个电话。　　＿＿＿＿＿＿＿＿＿＿＿＿＿＿

⑤ （　　　　）我吃完了。　　　　　　　＿＿＿＿＿＿＿＿＿＿＿＿＿＿

2．次の語句を正しい順に並べ替えて，日本語に訳しなさい。

① 我　英语　听　她的　了　懂　　　　..

　（　　　　　　　　　　　　　　　　　　　　　　　　　　　　　　　　）

② 来　进　走　老师　教室　　　　　　..

　（　　　　　　　　　　　　　　　　　　　　　　　　　　　　　　　　）

③ 电话　你　晚上　我　打　给　　　　..

　（　　　　　　　　　　　　　　　　　　　　　　　　　　　　　　　　）

86

④ 电话号码 错 写 了 你

（ 　　　　　　　　　　　　　　　　　　　　　　　　　　）

⑤ 坐 吧 前面 在

（ 　　　　　　　　　　　　　　　　　　　　　　　　　　）

3．中国語に訳しなさい。

① 私はいつも母に中華料理を作ります。　

② 先生が話す英語は，聞いて理解できましたか。

③ コーヒーを一杯持ってきてください。　

④ 私たちは一緒に黄山へ旅行に行くつもりです。

⑤ あなたの財布はみつかりましたか。

第14课　你在做什么?

Dì shísì kè　　Nǐ zài zuò shénme?

▶B78 新出単語

- □ 在 zài 副 ～している
- □ 让 ràng 動 ～させる
- □ 叫 jiào 動 ～させる
- □ 使 shǐ 動 ～させる
- □ 生日 shēngrì 名 誕生日
- □ 久 jiǔ 形 久しい
- □ 美国 Měiguó 名 アメリカ
- □ 背 bèi 動 暗誦する
- □ 收拾 shōushi 動 片付ける
- □ 房间 fángjiān 名 部屋
- □ 感动 gǎndòng 動 感動する
- □ 把 bǎ 前 ～を
- □ 钥匙 yàoshi 名 鍵
- □ 丢 diū 動 なくす
- □ 菜单 càidān 名 メニュー

- □ 论文 lùnwén 名 論文
- □ 告诉 gàosu 動 告げる，言う
- □ 呢 ne 助 ～しているところだ
- □ 夜 yè 名 夜
- □ 深 shēn 形 深い，時間が長く経っている
- □ 越 yuè ～越 yuè ～ ～であればあるほど
　　　　　～である
- □ 雨 yǔ 名 雨
- □ 下 xià 動 （雨や雪が）降る
- □ 被 bèi 前 ～される
- □ 蛋糕 dàngāo 名 ケーキ
- □ 批评 pīpíng 動 批判する
- □ 商场 shāngchǎng 名 ショッピングモール
- □ 偷 tōu 動 盗む

ポイント

▶B79 **1　使役表現の "让 ràng"・"叫 jiào"・"使 shǐ"**

(1)　主語 +"让"・"叫"・"使" + 人・もの + 動詞　　人・ものに～させる

　　"叫"はやや強制のニュアンスが含まれ，"使"は通常ものが主語となる

① 让我看看你买的生日礼物。　　Ràng wǒ kànkan nǐ mǎi de shēngrì lǐwù.

② 让您久等了。　　Ràng nín jiǔ děng le.

③ 妈妈不让我去美国留学。　　Māma bú ràng wǒ qù Měiguó liúxué.

④ 老师叫我们背课文。　　Lǎoshī jiào wǒmen bèi kèwén.

⑤ 姐姐叫我收拾房间。　　Jiějie jiào wǒ shōushi fángjiān.

⑥ 他的话使我很感动。　　Tā de huà shǐ wǒ hěn gǎndòng.

⑦ 这个问题使我头疼。　　Zhège wèntí shǐ wǒ tóuténg.

▶B80 **2** **"把 bǎ" 構文** **"把" ＋ 目的語 ＋ 動詞 ＋ {"了 le"・補語}** **〜を〜にする**

目的語を動詞の前に置き，ある状態や結果にすることを表す。述語には"了"や方向補語，結果補語が必要となる。

① 我把钥匙丢了。　　　　　　　　Wǒ bǎ yàoshi diū le.

② 请把菜单拿来。　　　　　　　　Qǐng bǎ càidān nálai.

否定は一般に"没（有）"を用いる

① 她没把论文写完。　　　　　　　Tā méi bǎ lùnwén xiěwán.

② 我没把这件事告诉妈妈。　　　　Wǒ méi bǎ zhè jiàn shì gàosu māma.

▶B81 **3** **動作の進行を表す表現 "在 zài" と "呢 ne"** **〜している**

(1) **主語 ＋ "在" ＋ 動詞句 ＋（"呢"）**

① 夜深了，他还在学习。　　　　　Yè shēn le, tā hái zài xuéxí.

② 妈妈和爸爸在看电视，　　　　　Māma hé bàba zài kàn diànshì,
　 弟弟在玩儿游戏。　　　　　　　dìdi zài wánr yóuxì.

(2) **主語 ＋ 動詞 ＋（目的語）＋ "呢"** **〜しているところだ**

"呢"は口語で，動詞文の文末に置く。否定文では"呢"をつけない。

① 他看书呢。　　　　　　　　　　Tā kàn shū ne.

② 我们吃饭呢。　　　　　　　　　Wǒmen chī fàn ne.

③ 我没在收拾房间。　　　　　　　Wǒ méi zài shōushi fángjiān.

▶B82 **4** **"越 yuè 〜越 yuè 〜"** **〜であればあるほど　〜である**

① 雨越下越大。　　　　　　　　　Yǔ yuè xià yuè dà.

② 这本书越看越有意思。　　　　　Zhè běn shū yuè kàn yuè yǒu yìsi.

▶B83 **5** **受け身を表す "被 bèi" の用法** **主語 ＋ "被" ＋ 人・物 ＋ 動詞**

主語は　人・物によって　〜される

① 我的蛋糕被弟弟吃了。　　　　　Wǒ de dàngāo bèi dìdi chī le.

② 昨天他被老师批评了。　　　　　Zuótiān tā bèi lǎoshī pīpíng le.

③ 我的钱包在商场被偷了。　　　　Wǒ de qiánbāo zài shāngchǎng bèi tōu le.

練習問題 1

1 ピンインを簡体字に改めて，日本語に訳しなさい。

① Bǎ yàoshi diū le.

　　　　　　　　　　　　　　　　　（　　　　　　　　　　　　　）

② Māma ràng wǒ qù liúxué.

　　　　　　　　　　　　　　　　　（　　　　　　　　　　　　　）

③ Zhège cài yuè chī yuè hǎochī.

　　　　　　　　　　　　　　　　　（　　　　　　　　　　　　　）

④ Qǐng bǎ càidān gěi wǒ.

　　　　　　　　　　　　　　　　　（　　　　　　　　　　　　　）

⑤ Wǒ zài shàngkè.

　　　　　　　　　　　　　　　　　（　　　　　　　　　　　　　）

2 中国語に訳しなさい。

① 私はまだ論文を書き終えていません。　　　　　　　　　　　　　

② 母は毎日妹に勉強させます。　　　　　　　　　　　　　　　　　

③ 彼女のパソコンは盗まれました。　　　　　　　　　　　　　　　

④ 私が鍵を持ってきます。　　　　　　　　　　　　　　　　　　　

⑤ 彼女たちは中国語の授業を受けています。

3 次の会話を繰り返し読んで練習しなさい。

1) a：你把驾照拿来了吗？
   Nǐ bǎ jiàzhào nálai le ma?

   b：拿来了。
   Nálai le.

   a：你把房间收拾好了吗？
   Nǐ bǎ fángjiān shōushihǎo le ma?

   b：收拾好了。
   Shōushihǎo le.

2) a：你在做什么呢？
   Nǐ zài zuò shénme ne?

   b：我在听音乐呢。
   Wǒ zài tīng yīnyuè ne.

   a：等谁呢？
   Děng shéi ne?

   b：等我朋友呢。
   Děng wǒ péngyou ne.

3) a：你想让谁来？
   Nǐ xiǎng ràng shéi lái?

   b：我想让我朋友来。
   Wǒ xiǎng ràng wǒ péngyou lái.

   a：让我看看好吗？
   Ràng wǒ kànkan hǎo ma?

   b：好的，你看吧。
   Hǎo de, nǐ kàn ba.

4) a：汉语越学越难吧？
   Hànyǔ yuè xué yuè nán ba?

   b：是的，但也越学越有意思。
   Shì de, dàn yě yuè xué yuè yǒu yìsi.

   a：富士山美吗？
   Fùshìshān měi ma?

   b：很美，越看越美。
   Hěn měi, yuè kàn yuè měi.

5) a：什么事使你这么不高兴？
   Shénme shì shǐ nǐ zhème bù gāoxìng?

   b：我的自行车被弟弟骑走了。
   Wǒ de zìxíngchē bèi dìdi qízǒu le.

   ＊高兴 gāoxìng 喜ぶ　＊骑走 qízǒu 乗ってゆく

   a：最近什么事使你感到高兴？
   Zuìjìn shénme shì shǐ nǐ gǎndào gāoxìng?

   b：我能听懂汉语了。
   Wǒ néng tīngdǒng Hànyǔ le.

6) a：谁叫你来的？
   Shéi jiào nǐ lái de?

   b：老师叫我来的。
   Lǎoshī jiào wǒ lái de.

   a：老师叫你来做什么？
   Lǎoshī jiào nǐ lái zuò shénme?

   b：老师叫我来收拾房间。
   Lǎoshī jiào wǒ lái shōushi fángjiān.

课文　你 在 做 什么？　Nǐ zài zuò shénme?

原田：吴 浩，这么 晚 了，你 在 做 什么 呢？
　　　Wú Hào, zhème wǎn le, nǐ zài zuò shénme ne?

吴浩：我 在 上网 查 日本 文学 方面 的 资料。虽然 查了
　　　Wǒ zài shàngwǎng chá Rìběn wénxué fāngmiàn de zīliào. Suīrán chále

　　　半天，但是 还 没 查到 呢。
　　　bàntiān, dànshi hái méi chádào ne.

原田：已经 快 十点 了，明天 我 让 朋友 帮 你 查 吧。
　　　Yǐjīng kuài shí diǎn le, míngtian wǒ ràng péngyou bāng nǐ chá ba.

吴浩：好 吧，谢谢！我 把 东西 收拾 一下，马上 回去。
　　　Hǎo ba, xièxie! Wǒ bǎ dōngxi shōushi yíxià, mǎshàng huíqu.

原田：外边 下 雨 了，我 也 得 回去 了。
　　　Wàibian xià yǔ le, wǒ yě děi huíqu le.

吴浩：雨 越 下 越 大 了，你 别 被 雨 淋 了。你 怎么 回去？
　　　Yǔ yuè xià yuè dà le, nǐ bié bèi yǔ lín le. Nǐ zěnme huíqu?

原田：我 坐 出租车 回去，放心 吧。
　　　Wǒ zuò chūzūchē huíqu, fàngxīn ba.

吴浩：那 注意 安全。明天 见！
　　　Nà zhùyì ānquán. Míngtiān jiàn!

新出単語

- □ 这么 zhème 代 こんなに
- □ 晚 wǎn 形 遅い
- □ 查 chá 動 調べる
- □ 文学 wénxué 图 文学
- □ 方面 fāngmiàn 图 方面
- □ 资料 zīliào 图 資料
- □ 虽然〜但是… suīrán~dànshì... 〜だけど…
- □ 半天 bàntiān 图 半日，長い時間
- □ 已经 yǐjīng 副 すでに

- □ 帮 bāng 動 手伝う，助ける
- □ 一下 yíxià 数量 すこし，ちょっと
- □ 马上 mǎshàng 副 すぐ
- □ 外边 wàibian 方 外
- □ 别 bié 副 〜するな（しないように）
- □ 淋 lín 動 濡れる
- □ 放心 fàng//xīn 動 安心する
- □ 注意 zhùyì 動 気を付ける
- □ 安全 ānquán 图 安全

練習問題 2

1　ピンインを簡体字に改めて，日本語に訳しなさい。

① Wǒ bǎ Hànyǔ cídiǎn nálai le.

　　　　　　　　　　　　　　　　　　　（　　　　　　　　　　　　　　　　）

② Lùnwén zīliào wǒ hái méi chádào ne.

　　　　　　　　　　　　　　　　　　　（　　　　　　　　　　　　　　　　）

③ Wǒ bǎ dōngxi shōushihǎo le.

　　　　　　　　　　　　　　　　　　　（　　　　　　　　　　　　　　　　）

④ Wǒ mǎshàng huíqu.

　　　　　　　　　　　　　　　　　　　（　　　　　　　　　　　　　　　　）

⑤　Lǎoshī ràng wǒmen hǎohāor xuéxí.

　　　　　　　　　　　　　　　　　　　（　　　　　　　　　　　　　　　　）

▶B87 2　発音を聞いて簡体字で書き取り，日本語に訳しなさい。

①

　　（　　　　　　　　　　　　　　　　　　　　　　　　　　　　　　　　　）

②
(   )

③
(   )

④
(   )

⑤
(   )

▶B88 **3** 課文の内容に関する質問を聞いて，中国語で答えなさい。

①
②
③
④
⑤

総合練習問題

1．空欄に適切な語句を入れて，日本語に訳しなさい。

① 我没 (   ) 那本书看完。　　　_____

② 汉语的发音 (   ) 我很头疼。　　_____

③ 我 (   ) 老师批评了。　　　　　_____

④ 我 (   ) 让男朋友帮我。　　　　_____

⑤ 妈妈 (   ) 我去买东西。　　　　_____

2．次の語句を正しい順に並べ替えて，日本語に訳しなさい。

① 到　他　找　钥匙　把　了

（　　　　　　　　　　　　　　　　　　　　　　　　　　　　　　）

② 想　我　把　学　汉语　好

（　　　　　　　　　　　　　　　　　　　　　　　　　　　　　　）

③ 呢　我　看　图书馆　书　在

（　　　　　　　　　　　　　　　　　　　　　　　　　　　　　　）

④ 越　越　好　说　汉语

（　　　　　　　　　　　　　　　　　　　　　　　　　　　　　　）

⑤ 我们　作业　把　完　让　老师　做

（　　　　　　　　　　　　　　　　　　　　　　　　　　　　　　）

3．中国語に訳しなさい。

① あなたが買ったプレゼントを私にちょっと見せてください。

_____

② 兄は友人とおしゃべりをしているところです。

_____

③ メニューを持ってきて下さい。

_____

④ 机の上のものをきちんと片づけてください。

_____

⑤ このことは彼らを大変喜ばせました。

_____

語彙索引

各課の新出単語，表，コラム，補充語句で取り上げられている語句をアルファベット順に排列する。
数字は課を示す。○囲み数字はコラムの番号，（　）内の数字は補充語句の番号を示す。

对了	duìle		10	给	gěi	動	12	
多	duō	形	8		gěi	前	13	
多保重	duō bǎozhòng (挨拶語)		11	工作	gōngzuò	名	11	
多长	duō cháng		10	公分	gōngfēn	量	10	
多大	duō dà		9	公共汽车	gōnggòng qìchē	名	11(11)	
多少	duōshao	代	8	公交车	gōngjiāochē	名	11(11)	
				公园	gōngyuán	名	7(5)	

E

化学 huàxué 名 6(4)

| 俄国 | Éguó | 名 | 6(2) | 狗 | gǒu | 名 | 9⑥ | 画 | huà 動 4 |

画儿 huàr 名 4

| 饿 | è | 形 | 5 | 关 | guān | 動 | 9(8) | 话 huà 名 13 |

| 二 | èr | 数 | 4① | 逛 | guàng | 動 | 10 | 换 huàn 動 9(8) |

贵 guì 形 6·10(9) — 黄山 Huángshān 名 10

贵姓 guìxìng 名 6 — 回 huí 動 3

过 guo 助 7 — 会 huì 助動 12

F

会话 huìhuà 名 9

| 发 | fā | 動 | 9(8)·13 | | | | | 火车 huǒchē 名 11(11) |

火锅 huǒguō 名 7(6)

发烧	fā//shāo	動	11	**H**				
法国	Fǎguó	名	6(2)	还	hái	副	7·11	**J**
法律	fǎlǜ	名	6(4)	还是	háishi	接	9	鸡 jī 名 9⑥
饭	fàn	名	5	海南岛	Hǎinándǎo	名	7	几 jǐ 代 7
方面	fāngmiàn	名	14	海外	hǎiwài	名	7	系 jì 動 8(7)
房间	fángjiān	名	14	韩国	Hánguó	名	7	加拿大 Jiānádà 名 6(2)
放心	fàng//xīn	動	14	汉堡包	hànbǎobāo	名	5(1)	加入 jiārù 動 12
放学后	fàngxuéhuò		9	汉语	Hànyǔ	名	4	家 jiā 名 3
飞机	fēijī	名	11(11)	好	hǎo	形	5·13	驾照 jiàzhào 名 11
非常	fēicháng	副	7	好吃	hǎochī	形	8	剪 jiǎn 動 9(8)
费	fèi	名	9(8)	好好儿	hǎohāor	副	11	见 jiàn 動 5
分	fēn	量	7②·8④	好久没见	hǎojiǔ méi jiàn (挨拶語)		10	见面 jiàn//miàn 動 10
分钟	fēn zhōng		10	好看	hǎokàn	形	8	件 jiàn 量 8·8③
风景	fēngjǐng	名	7	号	hào	量	7②	建筑 jiànzhù 名 6(4)
服务员	fúwùyuán	名	8	号码	hàomǎ	名	6	酱汤 jiàngtāng 名 5(1)
付	fù	動	9(8)	喝	hē	動	2	交 jiāo 動 12
附近	fùjìn	名	8	和	hé	接	8	教 jiāo 動 12
附属医院	fùshǔ yīyuàn	名	11	黑	hēi	形	13	角 jiǎo 量 8④
富士山	Fùshìshān	名	10	很	hěn	副	5	饺子 jiǎozi 名 3
				横滨	Héngbīn	名	7	叫 jiào 動 6·14
				红茶	hóngchá	名	5(1)	教室 jiàoshì 名 8

G

教学楼 jiàoxuélóu 名 7(5)

感动	gǎndòng	動	14	猴	hóu	名	9⑥	教育 jiàoyù 名 6(4)
感冒	gǎnmào	動	12	后	hòu	方	8⑤	节 jié 量 10
钢琴	gāngqín	名	12	后边	hòubian	方	8⑤	结婚 jié//hūn 動 10
高	gāo	形	10	后面	hòumian	方	8⑤	姐姐 jiějie 名 3
告诉	gàosu	動	14	后天	hòutiān	名	7②·11	介绍 jièshào 動 13
哥哥	gēge	名	2	虎	hǔ	名	9⑥	讲 jiǎng 動 13
个	ge	量	8·8③	互相	hùxiāng	副	6	九 jiǔ 数 4①
歌儿	gēr	名	11(10)	花儿	huār	名	4	久 jiǔ 形 14
								旧 jiù 形 10(9)
								今后 jīnhòu 名 12

骑	qí	動	11(11)
起床	qǐ//chuáng	動	10
汽车	qìchē	名	11
前	qián	方	8⑤
前边	qiánbian	方	8⑤
前面	qiánmian	方	8⑤
前天	qiántiān	名	7②·11
钱	qián	名	8
钱包	qiánbāo	名	13
青椒肉丝	qīngjiāoròusī	名	7(6)
轻	qīng	形	10(9)
请	qǐng	動	13
请多关照	Qǐng duō guānzhào		
	(挨拶語)		6
秋叶原	Qiūyèyuán	名	8
去	qù	動	2
裙子	qúnzi	名	8(7)

R

让	ràng	動	14
热	rè	形	5
人	rén	名	8
人民币	rénmínbì	名	8④
人文	rénwén	名	6
日本	Rìběn	名	6
日本人	Rìběnrén	名	6
日文	Rìwén	名	6(4)
日语	Rìyǔ	名	10
日元	rìyuán	名	8

S

三	sān	数	4①
三明治	sānmíngzhì	名	5(1)
商场	shāngchǎng	名	7(5)·14
商店	shāngdiàn	名	8
上	shàng／shang	方	8·8⑤
上班	shàng//bān	動	9(8)
上边	shàngbian	方	8⑤
上个星期	shàng ge xīngqī		7②
上课	shàng//kè	動	9
上面	shàngmian	方	8⑤
上网	shàng//wǎng	動	11
上网课	shàng//wǎngkè	動	9(8)

上午	shàngwǔ	名	7
蛇	shé	名	9⑥
谁	shéi	代	6
深	shēn	形	14
什么	shénme	代	6
生日	shēngri	名	14
十	shí	数	4①
时间	shíjiān	名	5
食堂	shítáng	名	5
使	shǐ	動	14
世界遗产	shìjiè yíchǎn	名	10
市中心	shì zhōngxīn	名	7(5)
事	shì	名	8
是	shì	動	3
收拾	shōushi	動	14
手表	shǒubiǎo	名	6(3)
手机	shǒujī	名	4
手帕	shǒupà	名	6(3)
书	shū	名	3
书包	shūbāo	名	6
书店	shūdiàn	名	7(5)
蔬菜	shūcài	名	5(1)
舒服	shūfu	形	11
暑假	shǔjià	名	7
属	shǔ	動	9⑥
鼠	shǔ	名	9⑥
刷	shuā	動	9(8)
双	shuāng	量	8(7)·11
水果	shuǐguǒ	名	5(1)
睡	shuì	動	10
说	shuō	動	11
四	sì	数	4①
酸辣汤	suānlàtāng	名	7(6)
虽然~但是	suīrán~dànshì		14
岁	suì	名	9
岁数	suìshu	名	9⑥
所以	suǒyǐ	接	13

T

T恤	Txù	名	8(7)
他	tā	代	2
他们	tāmen	代	5
它	tā	代	5

它们	tāmen	代	5
她	tā	代	2
她们	tāmen	代	5
台	tái	量	8·8③
太	tài	副	13
太~了	tài~le		7
泰国	Tàiguó	名	6(2)
弹	tán	動	12
躺	tǎng	動	9(8)·11
疼	téng	形	11
踢	tī	動	11(10)
体育馆	tǐyùguǎn	名	9
天气	tiānqì	名	5
条	tiáo	量	8③
听	tīng	動	7
听说	tīng//shuō	動	11
停车场	tíngchēchǎng	名	7(5)
通过	tōngguò	動	12
同学	tóngxué	名	12
偷	tōu	動	14
头	tóu	名	11
头发	tóufa	名	9(8)
图书馆	túshūguǎn	名	5
兔	tù	名	9⑥
脱	tuō	動	9(8)

W

娃娃	wáwa	名	1
外	wài	方	8⑤
外边	wàibiān	方	8⑤·14
外面	wàimian	方	8⑤
外语	wàiyǔ	名	2
完	wán	動	13
玩儿	wánr	動	4
晚	wǎn	形	10(9)·14
晚上	wǎnshang	名	5
网球	wǎngqiú	名	12
微信	Wēixìn	名	12
喂	wéi	感	8
文学	wénxué	名	6(4)·14
问	wèn	動	12
问题	wèntí	名	12
我	wǒ	代	1

我们	wǒmen	代	5
乌冬面	wūdōngmiàn	名	5(1)
乌龙茶	wūlóngchá	名	5(1)
吴浩	Wú Hào	(人名)	5
五	wǔ	数	4①

X

洗脸	xǐ//liǎn	动	9(8)
洗澡	xǐ//zǎo	动	9(8)
洗衣机	xǐyījī	名	2
喜欢	xǐhuan	动	4
下	xià	方	8⑤
		动	14
下边	xiàbian	方	8⑤·13
下个星期	xià ge xīngqī		7②
下面	xiàmian	方	8⑤
下午	xiàwǔ	名	5
夏天	xiàtiān	名	7
先	xiān	副	7
现在	xiànzài	名	7②·9
想	xiǎng	助动	7
橡皮	xiàngpí	名	6(3)
小	xiǎo	形	10(9)
小笼包	xiǎolóngbāo	名	11
小时	xiǎoshí	名	10
小说	xiǎoshuō	名	9(8)
小提琴	xiǎotíqín	名	11(10)
校园	xiàoyuán	名	7(5)
鞋	xié	名	8(7)·11
写	xiě	动	13
新	xīn	形	10(9)
信息	xìnxī	名	9(8)
星期	xīngqī	名	7
星期二	xīngqī'èr	名	7②
星期六	xīngqīliù	名	7②
星期日	xīngqīrì	名	7②
星期三	xīngqīsān	名	7②
星期四	xīngqīsì	名	7②
星期天	xīngqītiān	名	7②
星期五	xīngqīwǔ	名	7②
星期一	xīngqīyī	名	7②
姓	xìng	动	6
休息	xiūxi	动	7

学	xué	动	3
学部	xuébù	名	6
学生	xuésheng	名	6
学习	xuéxí	动	2
学校	xuéxiào	名	2

Y

牙	yá	名	9(8)
眼睛	yǎnjing	名	11
眼镜	yǎnjìng	名	6(3)
羊	yáng	名	9⑥
扬州炒饭	Yángzhōu chǎofàn	名	7(6)
药	yào	名	1
要	yào	动	1
钥匙	yàoshi	名	14
爷爷	yéye	名	1
也	yě	副	5
夜	yè	名	14
一	yī	数	4①
一百	yìbǎi	数	4①
一点儿	yìdiǎnr	数量	8
一会儿	yíhuìr	数量	12
一刻	yí kè	数	7②
一起	yìqǐ	副	5
一千	yìqiān	数	4①
一万	yíwàn	数	4①
一下	yíxià	数量	14
一直	yìzhí	副	11
衣服	yīfu	名	8
已经	yǐjīng	副	14
医学	yīxué	名	6(4)
医院	yīyuàn	名	11
椅子	yǐzi	名	13
意大利面	Yìdàlìmiàn	名	5(1)
音乐	yīnyuè	名	7
银行	yínháng	名	7(5)
印度	Yìndù	名	6(2)
英国	Yīngguó	名	6(2)
英文	Yīngwén	名	6(4)
英语	Yīngyǔ	名	6
用	yòng	动	12
邮局	yóujú	名	8
游戏	yóuxì	名	4

游泳	yóu//yǒng	动	10
有	yǒu	动	4·8
有点儿	yǒudiǎnr	副	11
有意思	yǒu yìsi		12
右	yòu	方	8⑤
右边	yòubian	方	8⑤
右面	yòumian	方	8⑤
羽毛球	yǔmáoqiú	名	11(10)
雨	yǔ	名	14
语法	yǔfǎ	名	2
玉米汤	yùmǐtāng	名	5(1)
预习	yùxí	动	13
元	yuán	量	8④
原田	Yuántián	(姓)	5
远	yuǎn	形	11
月	yuè	名	7②
		量	10
越～越～	yuè~yuè~		14

Z

在	zài	动	7
		前	9
		副	14
咱们	zánmen	代	5
早	zǎo	形	10(9)
早点儿	zǎodiǎnr		7
早上	zǎoshang	名	10
怎么	zěnme	代	11
怎么样	zěmeyàng	代	8
站	zhàn	动	9(8)
张	zhāng	量	8③·13
找	zhǎo	动	13
这	zhè	代	6
这个星期	zhège xīngqī		7②
这几天	zhè jǐ tiān		13
这里	zhèlǐ·zhèli	代	7
这么	zhème	代	14
这儿	zhèr	代	7
这些	zhèxiē	代	6
着	zhe	助	11
真	zhēn	形	7
		副	12
只	zhī	量	8③

值得	zhíde	動	10	注意	zhùyì	動	14	左	zuǒ	方	8⑤
纸巾	zhǐjīn	名	6(3)	桌子	zhuōzi	名	6	左边	zuǒbian	方	8⑤
中国	Zhōngguó	名	4	资料	zīliào	名	14	左面	zuǒmian	方	8⑤
中国人	Zhōngguórén	名	6	自行车	zìxíngchē	名	11(11)	作业	zuòyè	名	13
中午	zhōngwǔ	名	5	走	zǒu	動	7	坐	zuò	動	9(8)·11
重	zhòng	形	10(9)	足球	zúqiú	名	11(10)	做	zuò	動	8
周末	zhōumò	名	7②	最近	zuìjìn	名	5				
猪	zhū	名	9⑥	昨天	zuótiān	名	7②·10				

中国の主な都市名

直轄市:

北京市	天津市	上海市	重庆市
Běijīng Shì	Tiānjīn Shì	Shànghǎi Shì	Chóngqìng Shì

その他の大都市:

大连	西安	成都	南京	武汉	广州
Dàlián	Xī'ān	Chéngdū	Nánjīng	Wǔhàn	Guǎngzhōu

日本の都道府県名

北海道	青森县	岩手县	宫城县
Běihǎi Dào	Qīngsēn Xiàn	Yánshǒu Xiàn	Gōngchéng Xiàn
秋田县	山形县	福岛县	茨城县
Qiūtián Xiàn	Shānxíng Xiàn	Fúdǎo Xiàn	Cíchéng Xiàn
栃木县	群马县	埼玉县	千叶县
Lìmù Xiàn	Qúnmǎ Xiàn	Qíyù Xiàn	Qiānyè Xiàn
东京都	神奈川县	新潟县	富山县
Dōngjīng Dū	Shénnàichuān Xiàn	Xīnxì Xiàn	Fùshān Xiàn
石川县	福井县	山梨县	长野县
Shíchuān Xiàn	Fújǐng Xiàn	Shānlí Xiàn	Chángyě Xiàn
岐阜县	静冈县	爱知县	三重县
Qífù Xiàn	Jìnggāng Xiàn	Àizhī Xiàn	Sānchóng Xiàn
滋贺县	京都府	大阪府	兵库县
Zīhè Xiàn	Jīngdū Fǔ	Dàbǎn Fǔ	Bīngkù Xiàn
奈良县	和歌山县	鸟取县	岛根县
Nàiliáng Xiàn	Hégēshān Xiàn	Niǎoqǔ Xiàn	Dǎogēn Xiàn
冈山县	广岛县	山口县	德岛县
Gāngshān Xiàn	Guǎngdǎo Xiàn	Shānkǒu Xiàn	Dédǎo Xiàn
香川县	爱媛县	高知县	福冈县
Xiāngchuān Xiàn	Àiyuán Xiàn	Gāozhī Xiàn	Fúgāng Xiàn
佐贺县	长崎县	熊本县	大分县
Zuǒhè Xiàn	Chángqí Xiàn	Xióngběn Xiàn	Dàfēn Xiàn
宫崎县	鹿儿岛县	冲绳县	
Gōngqí Xiàn	Lù'érdǎo Xiàn	Chōngshéng Xiàn	

執筆者

王克西（Wáng Kèxī）
早稲田大学他講師

李立冰（Lǐ Lìbīng）
筑波大学他講師

高橋未来（たかはし みき）
大阪公立大学准教授

●表紙・本文イラスト：トミタ制作室
●扉絵：大森百合

音声ダウンロード

よくわかる初級中国語－易学易懂汉语－［改訂版］

2019 年 3 月 22 日　初版発行
2022 年 3 月 24 日　改訂版第 1 刷発行
2024 年 3 月 25 日　改訂版第 2 刷発行

著　者　王克西・李立冰・高橋未来
発行者　佐藤和幸
発行所　白　帝　社

〒 171-0014　東京都豊島区池袋 2-65-1
TEL 03-3986-3271　FAX 03-3986-3272
http://www.hakuteisha.co.jp/

組版・印刷 倉敷印刷㈱　製本 ㈱ティーケー出版印刷

Printed in Japan　〈検印省略〉　6914　　　ISBN978-4-86398-466-0

乌鲁木齐
Wūlǔmùqí

新疆维吾尔自治区
Xīnjiāng Wéiwú'ěr Zìzhìqū

甘 肃 省
Gānsù Shěng

宁夏回族自治区
Níngxià Huízú Zìzhìqū

青 海 省
Qīnghǎi Shěng

西宁
Xīníng

银川
Yínchuān

兰州
Lánzhōu

西藏自治区
Xīzàng Zìzhìqū

四 川 省
Sìchuān Shěng

成都
Chéngdū

拉萨
Lāsà

贵 州 省
Guìzhōu Shěng

贵阳
Guìyáng

云 南 省
Yúnnán Shěng

昆明
Kūnmíng

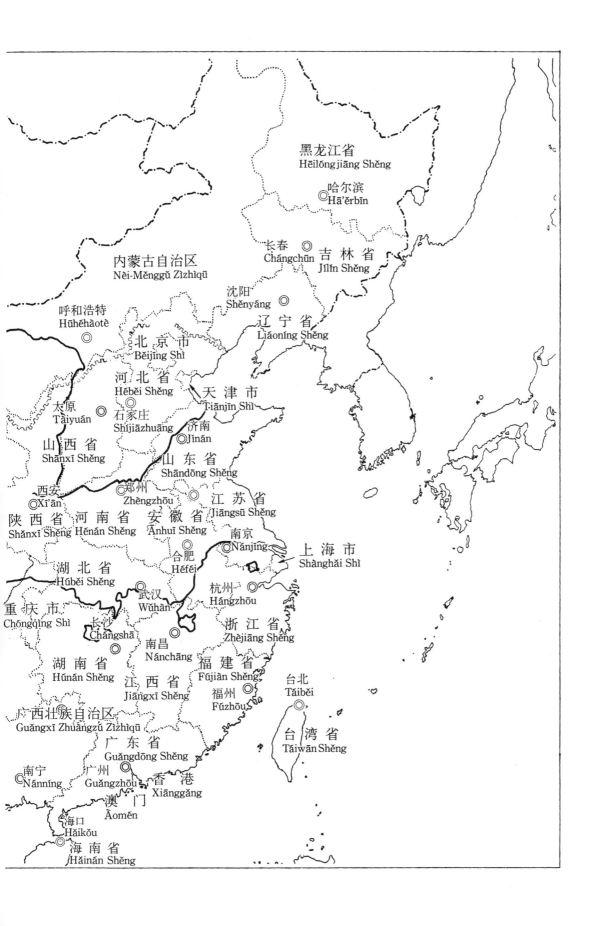

黑龙江省
Hēilóngjiāng Shěng

哈尔滨
Hā'ěrbīn

长春 吉林省
Chángchūn Jílín Shěng

内蒙古自治区
Nèi-Měnggǔ Zìzhìqū

沈阳
Shěnyáng

辽宁省
Liáoníng Shěng

呼和浩特
Hūhéhàotè

北京市
Běijīng Shì

河北省
Héběi Shěng

天津市
Tiānjīn Shì

太原
Tàiyuán

石家庄
Shíjiāzhuāng

济南
Jǐnán

山西省
Shānxī Shěng

山东省
Shāndōng Shěng

西安
Xī'ān

郑州
Zhèngzhōu

江苏省
Jiāngsū Shěng

陕西省 河南省 安徽省
Shǎnxī Shěng Hénán Shěng Ānhuī Shěng

南京
Nánjīng

上海市
Shànghǎi Shì

合肥
Héféi

湖北省
Húběi Shěng

杭州
Hángzhōu

重庆市
Chóngqìng Shì

武汉
Wǔhàn

长沙
Chángshā

浙江省
Zhèjiāng Shěng

南昌
Nánchāng

湖南省
Húnán Shěng

江西省
Jiāngxī Shěng

福建省
Fújiàn Shěng

台北
Táiběi

广西壮族自治区
Guǎngxī Zhuàngzú Zìzhìqū

福州
Fúzhōu

台湾省
Táiwān Shěng

广东省
Guǎngdōng Shěng

南宁
Nánníng

广州
Guǎngzhōu

香港
Xiānggǎng

澳门
Àomén

海口
Hǎikǒu

海南省
Hǎinán Shěng

本物の中国語の発音を目指す学習者のために

音声ダウンロード

呉志剛先生の
中国語発音教室
声調の組合せ徹底練習

上野恵司 監修　呉志剛 著

■模範朗読を聴きながら，四声の組合せ，および音声と音声とをつなげて発音するリズムとコツを身につけ，更に滑らかな本物の中国語の発音を目指します。

◆ A5 判　128p　音声ダウンロード
◆定価［本体 2200 円＋税］
ISBN 978-4-86398-207-9

白帝社刊